Paul Hoffmann

Politische Todesurteile

gegen Johann Muras und Ernst Wilhelm 1952 und die Rehabilitierung 1991

3

Inhalt:

Vorwort

Johann Muras und Ernst Wilhelm wurden als Unschuldige aus politischen Gründen am 17. Mai 1952 in Mühlhausen zum Tode verurteilt und am 06. September 1952 in Dresden hingerichtet. Sie waren am Tode Alfred Sobiks nicht schuld.

Mit der Aufhebung des parteigesteuerten Unrechtsurteils von Mühlhausen durch das Bezirksgericht Gera am 06. Juni 1991 ist das Vergangene nicht vorbei. Der Justizmord an Johann Muras und Ernst Wilhelm lässt sich nicht ungeschehen machen. Ihr Freispruch "bewältigt" die Vergangenheit nicht. Einen anderen Weg als den der justiziellen Aufarbeitung – Rehabilitierung der Opfer und Bestrafung der Täter – gibt es indessen nicht.

Die Beteiligung der Justiz an den Verbrechen der SED-Diktatur muss uns ständige Mahnung bleiben. Deshalb sind Darstellung und Analyse der Verfolgungsmechanismen des SED-Regimes und ihres wichtigsten Machtinstrumentes, der Staatssicherheit, unverzichtbar. Zur Bewältigung des Erbes des Unrechtsstaats durch den Rechtsstaat gehört die Auseinandersetzung mit der Vergangenheit. *"Der Kampf des Menschen gegen die Macht ist der Kampf des Gedächtnisses gegen das Vergessen."* (Milan Kundera)

Den Bemühungen Paul Hoffmanns sowie der Schwester von Ernst Wilhelm, Frau Elli Böhning, haben wir die Rehabilitierung von Johann Muras und Ernst Wilhelm zu verdanken. Die Dokumentation ist ein Aufruf gegen Anteilnahmslosigkeit und Erinnerungslosigkeit.

Mögen die von Paul Hoffmann vorgelegten Materialien auch in den Bereich der schulischen und außerschulischen Bildung Eingang finden und helfen, die Kontinuität des Wegsehens zu beenden. Denn nur Wissen, Werten, Weinen, Wollen wird der Erinnerung an die Opfer der Parteijustiz gerecht:

"Wissen, was geschah. Das Werten der Taten als Untaten. Das zumindest symbolische Weinen über die Opfer. Das Wollen eines anderen als besser und moralischer empfundenen Gemeinwesens." (Michael Wolffsohn)

Dr. Hans-Jürgen Grasemann

Sprecher der Generalstaatsanwaltschaft Braunschweig und der Zentralen Beweismittel- und Dokumentationsstelle der Landesjustizverwaltungen in Salzgitter, 1992

Ernst Wilhelm
Foto: privat

Johann Muras
Foto: privat

Doppelter Justizmord – Die Wahrheit über die Affäre Sobik

Am 17. Mai 1952 wurden Ernst Wilhelm und Johann Muras aus Obergebra bei Nordhausen zum Tode verurteilt und am 6. September des gleichen Jahres in Dresden durch das Fallbeil hingerichtet.

Die Angehörigen sowie Zeugen des damaligen Geschehens haben 1989 erwirkt, dass der Fall neu aufgerollt wird. Das Unrecht, was dabei zutage tritt, ist so eklatant, dass sogar der ehemalige DDR-Generalstaatsanwalt Ex- Dr. Hans-Jürgen Joseph Ende April 1990 schrieb, er sei als Mensch und als Jurist über das Urteil zutiefst erschüttert.

Die Verantwortlichen dieses Justizverbrechens können heute mit Namen benannt werden. Der geistige Vater und Urheber heißt Josef Stalin; die Hintermänner waren Walter Ulbricht, Wilhelm Pieck, Hilde Benjamin und Gerald Götting. Die Ausführenden waren die Land- und Amtsrichter Bieret und Löffler sowie der Landesstaatsanwalt Piehl.

Wie kläglich und schleppend sich bis jetzt die Rechtsstaatlichkeit durchkämpfen und durchquälen musste, wird in diesem Fall deutlich.

Kreisstadt Nordhausen in den 50er Jahren
Foto: Stadtarchiv Nordhausen

I. Teil : 1952

Zeit und Ort des Geschehens

Frühjahr 1952 – es war eine unruhige Zeit, gekennzeichnet durch politische Wirren. Die Widersprüche zwischen dem von Walter Ulbricht aus seinem Exil in der Sowjetunion mitgebrachten Aufbaukonzept eines von den Kommunisten beherrschten DDR-Separatstaates und der wirklichen gesellschaftlichen Entwicklung sowie der Denkweise der Menschen traten offen zutage.

Alle antisozialistischen Stimmen, überhaupt jeder anders denkende Mensch wurden ermittelt, isoliert und diffamiert. Diesen Prozess nannte man kurzum "Klassenkampf". So ist es nicht verwunderlich, dass es zwischen 1952 und 1955 zu 62 Hinrichtungen kam, welche in der Untersuchungshaftanstalt 1 in Dresden vollzogen wurden, und dass allein 51 Hinrichtungen auf das Jahr 1952 entfielen.

Gerade in dieser Zeit wurden Institutionen, Machtstrukturen, Gesetze und Verstrickungen geschaffen, die eine wahre Verfilzung des Partei- und Staatsapparates darstellten. Dazu gehörte es auch, Bewusstsein zu manipulieren und eine freie Meinungsäußerung zu unterdrücken. Alle Medien wurden auf dieses Ziel abgestimmt.

Um den erkennbaren gesellschaftlichen Rückstand aufzuholen, wurden für die 2. Parteikonferenz der SED im Juli 1952 Dokumente, wie zum Beispiel über die Bildung landwirtschaftlicher Produktionsgenossenschaften, vorbereitet. Die Debatten über eine vollständigen Kollektivierung der Landwirtschaft heizte die zur damaligen Zeit in den Dörfern vorhandene Stimmung teilweise bis zum Äußersten an.

Viele Dörfer – so auch jenes, von welchem ich erzähle – waren im Denken und Verhalten ohnehin durch Zuzügler aus Schlesien und Pommern gespalten. Der politische Wandel vor Ort, den die Staatspartei auf allen Ebenen durchsetzte, umfasste auch die Besetzung fast aller politischen und Parteifunktionen mit ihren Gefolgsleuten. Häufig waren es die Umsiedler und Zuzügler, die sich dazu bekannten "Mir seins alle Antifaschisten!" und darum starken Einfluss auf die alten Dorfgemeinschaften erhielten.

Postkarte von 1957, privat

So manche Entscheidung des neuen Bürgermeisters oder des SED-dominierten Gemeinderates löste Unwillen bei den Bürgern aus. Oft waren es Versorgungs- und Wohnungsprobleme. Sehr schwer hatten es alle diejenigen, welche ungeschminkt ihre Meinung sagten oder das Herz auf der Zunge trugen.

Der Ort Obergebra, ein Dorf in Thüringen mit 1.150 Einwohnern, bildete entsprechend der Schilderung keine Ausnahme. Neben dem ländlichen Charakter des Dorfes und den vielen Bauern wurde das Bild durch zwei Schächte der Wintershall-AG geprägt.

Nach Beendigung der Kaliförderung hatte diese Schachtanlage während des II. Weltkrieges als Munitionslager der Nazis gedient. Nach dem Ende des "ewigen Reiches" 1945 wurde das Depot durch Sowjetsoldaten geräumt und die Munition gesprengt. Danach interessierte sich die volkseigene Firma "Geologische Erkundung Gommern" für das geräumte Bergwerk mit seinen riesigen Abbauen und aufgeschlossenen Strecken und veranlasste Bohrungen nach Erdöl und Kupferschiefer. Die Belegschaft bestand 1952 aus etwa 20 Mitarbeitern der Schachtunterhaltung und ebenso vielen Mitarbeitern der geologischen Bohrung.

Foto eines Betriebsausfluges der Kali-Mitarbeiter, auf dem sich die meisten Anwesenden der Maifeier befinden, Foto: privat

Eine verhängnisvolle Maifeier

Diese Belegschaft beider Firmen hatte sich am 30. April 1952 zur Maifeier in der damaligen Gastwirtschaft Robert Wichmann mit Ehepartnern zusammengefunden. Nachdem gegen 20 Uhr die Anwesenden begrüßt und die Bedeutung des 1. Mai gewürdigt worden waren, war der offizielle Teil der Feier beendet. Es schloss sich ein gemütliches Beisammensein an. Etwa gegen 22:30 Uhr herrschte eine leicht gehobene Stimmung im Lokal. Einige Zeit später wurde das Lied "Von den Bergen rauscht ein Wasser ..." angestimmt.

Dieses Lied war kaum verklungen, als zwischen dem in der Mitte stehenden Ofen und dem Ausgang der Wachmann der Schachtanlage Obergebra, Alfred Sobik, in sich zusammensackte.

Die Wirtin, Frau Wichmann, war zuerst bei ihm. Sie richtete den Oberkörper auf und lehnte ihn gegen ihre Beine.

Das habe ich persönlich gesehen!

Gaststätte Wichmann in Obergebra, in der 1952 die
verhängnisvolle Maifeier stattfand, Foto: privat

Mein Kollege, Gerhard Hartmann, mit dem ich an der Theke stand, rückte mit mir gemeinsam einen zweiten Tisch heran. Hierauf legten wir Alfred Sobik. Ich öffnete sein Hemd und legte so den Oberkörper frei. Sodann begann ich mit der künstlichen Beatmung. Diese setzte ich fort, bis nach etwa 12 – 15 Minuten die Gemeindeschwester, Frau Mauritz, eintraf. Sie versuchte die Wiederbelebung durch Herzmassage und verabreichte noch eine Spritze.

Sie sagte nach einiger Zeit: *"Unsere Bemühungen sind erfolglos geblieben. Der Mann ist tot."*

Erst jetzt vernahm ich einen Tumult vor der Gaststätte und Rufe, wie: "Mord" oder "Mörder". Die Eingangstür zur Gaststätte, welche auf einen Flur führte, war offen.

Durch diese Tür konnte ich sehen, dass Ernst Wilhelm – aus der Nase blutend – durch den Flur zum Hinterausgang ging. In der Gaststätte ist Ernst Wilhelm danach nicht mehr gewesen.

35000 Werktätige bekannten sich klar zum Frieden

Machtvolle Mai-Demonstration in den Straßen der Stadt und im Gehege · Otto Funke sprach

Nordhausen. Zahlreiche Höhepunkte im Geschehen erlebte die Kreisstadt in der letzten Zeit. So viele werktätige Menschen aber, wie sich gestern durch ihre Straßen bewegten, haben wir noch nie gesehen. Bei strahlendem Sonnenschein demonstrierten 35 000 Schaffende in drei Marschblocks für den Frieden, die Einheit unseres Vaterlandes und ein besseres Leben. Die Kollegen führten zahlreiche Transparente mit sich, die ihre Produktions- und gesellschafts-politischen Verpflichtungen zum Ausdruck brachten. So war zu lesen, daß die Belegschaftsmitglieder des Nordholzwerkes 300 Arbeitsstunden für den Aufbau Nordhausens leisten werden.

Das Ziel der drei Marschsäulen, die die geschmückten Straßen passierten, bildete das Gehege. Auf dem Weg durch die Innenstadt sahen wir z. B. Traktoren des IFA-Schlepperwerkes, die im Festzug mitfuhren, eine Kulturgruppe des RFT-Fernmeldewerkes, die Kolleginnen des VEB Berufsbekleidung in ihrer schmucken Tracht, Sportler der verschiedenen Betriebssportgemeinschaften und Jugendliche beim Reifenspiel.

Sammelpunkt war der Gehegeplatz. Hier, auf der Tribüne, umgeben von den Fahnenabordnungen, nahm als Referent der Massenkundgebung Otto Funke, 2. Landessekretär der SED, das Wort. Seine aufrüttelnde Ansprache machte die Bedeutung des 1. Mai 1952 als Kampftag der Werktätigen für Frieden und Völkerfreundschaft und gegen die volksfeindliche Adenauer-Regierung im Westen unseres Vaterlandes klar. Es gilt, alle Kräfte der Werktätigen zusammenzufassen, durch entschlossene Aktionen das Bonner Spalterkabinett zum Rücktritt zu zwingen und entsprechend dem Willen breitester Schichten der Bevölkerung die Einheit zu schmieden und Glück und Wohlstand zu sichern. Größte Unterstützung wird dabei unserer Nation durch das Sowjetvolk und alle fortschrittlichen

Kräfte in der Welt zuteil. Das gibt uns die Gewißheit, daß wir unserer gerechten Sache zum Siege verhelfen werden.

Wenn am Vorabend des 1. Mai der Genosse Sobik als treuer Sohn der Arbeiterklasse in Obergebra von neofaschistischen Elementen ermordet wurde und der stellvertretende Bürgermeister von Werther meuchlings von ihnen niederge-

schlagen worden ist, so ist das ein Fanal, noch mehr Wachsamkeit gegenüber allen Anschlägen der Feinde des Friedens walten zu lassen und die Aktivität im Friedenskampf zu verstärken. Den festen Willen dazu bekundeten die Kundgebungsteilnehmer in einer Entschließung. In einer weiteren Resolution, die volle Billigung fand, ist der Sowjetregierung der Dank für ihre konsequente Friedenspolitik — ausgesprochen worden.

Nach der Massendemonstration herrschte gestern überall vielseitiges Leben und Treiben in Nordhausen. Kulturgruppen traten auf und ein Querat am späten Abend im Gehege trug dazu bei, dem Tag einen würdigen Rahmen zu geben.

Eine deutliche Absage

Obergebra. In einer Kundgebung protestierten gestern abend die Einwohner gegen die Ermordung des Funktionärs der SED, Sobik, durch neofaschistische Elemente. Einmütig wurde der Abscheu gegenüber diesem Verbrechen bekundet und das Versprechen gegeben, noch mehr als bisher dem Frieden zu dienen. Nähere Einzelheiten über die Versammlung bringen wir morgen.

Eine typische Vorverurteilung

Große Konflikte türmten sich in mir auf. Zum einen das Wissen um die Wahrheit über die Geschehnisse des 30. April 1952, dass Alfred Sobik nie ermordet worden war, und andererseits die bereits vor der Verhandlung begangene Vorverurteilung, in der von einer feigen Mordtat und von Mordbuben, die angeblich im Auftrag von Rias und westdeutschen Geheimdiensten eine faschistische Mordtat begangen hätten, die Rede war.

So wurde – die Leiche von Alfred Sobik war noch nicht erkaltet – bereits am 1. Mai 1952 morgens um 8 Uhr vor 35.000 Nordhäuser Bürgern die erste Vorverurteilung verkündet.

Diese Beschuldigung löste natürlich eine wahre Flut von Protestresolutionen von Parteien, Organisationen, Betrieben, Kombinaten und Institutionen aus, die alle eine harte Bestrafung der Mörder forderten, aus.

Stapelweise lagen diese Resolutionen später beim Prozess vor und der Landesstaatsanwalt Piehl verwies in seinem Plädoyer darauf. Da die Resolutionen aber nicht Gegenstand der Hauptverhandlung waren, war das ein Verstoß gegen § 264 1 STPO sowie § 249 STPO. Rechtsanwalt Reuter aus Erfurt äußerte in seinem Einspruch gegen das Urteil dann sogar die Vermutung, dass das Vorliegen und Erwähnen dieser Resolutionen im Prozess auch den Ausschlag für die ausgesprochenen Todesstrafen gegeben haben können.

Mit der Vielzahl von Zeitungsartikeln erfolgte eine klassische Vorverurteilung. Die Artikel, welche von einer brutalen faschistischen Mordtat in Obergebra sprachen, lösten natürlich bei all denen, welche nicht um die Wahrheit wussten, Betroffenheit aus.

Aber alle Belegschaftsmitglieder, die in der Gaststätte waren und miterlebt hatten, wie Sobik mitten in der Gaststätte ohne äußere Einwirkung zusammenbrach, waren zu schwach, die Wahrheit zu sagen oder sich gar an die Öffentlichkeit zu wenden. Die Wahrheit widersprach all dem, was in den Zeitungen stand.

Bestraft die Mörder

(VK. Henkel/DV.) Der Proteststurm gegen die verbrecherische Tat der faschistischen Mordbuben Wilhelm und Muras, die den Genossen Sobik niederschlugen, ebbt im Kreis Nordhausen nicht ab. In einer Entschließung fordern die Mitglieder des Kreisverbandes der VVN die strengste Bestrafung der Schuldigen. In gleicher Weise äußern sich die Schüler und Lehrer der Humboldtschule in Nordhausen. Die Mitarbeiter des VEAB-Kreiskontors sprachen die Erwartung aus, daß unsere Regierung alle Maßnahmen treffen wird, um den Volksfeinden das Handwerk zu legen.

Mordtat wird gesühnt

Der Landesstaatsanwalt in Erfurt teilt mit, daß die öffentliche Hauptverhandlung gegen die Mörder des Friedenskämpfers Alfred Sobik, Obergebra, am kommenden Sonnabend, 14 Uhr, in Nordhausen im Haus des FDGB, stattfindet.

Fort mit Adenauer

Sollstedt. (VK. Worbis). „Die Belegschaft des Kalikombinates hat mit großer Empörung von dem erneuten verbrecherischen Vorgehen der westdeutschen Lehrpolizei gegen die friedliebende deutsche Jugend Kenntnis erhalten. Die Niederknüppelung dieser jungen Friedenskämpfer, die für ein geeintes, friedliebendes Deutschland, gegen den Generalkriegsvertrag demonstrierten, zeigt allen Menschen die Ohnmacht und Schwäche der Adenauer-Regierung. Wir rufen alle friedliebenden Deutschen auf, geschlossene Aktionen gegen die Adenauer-Gruppe einzuleiten. Weg mit Adenauer!" — so heißt es u. a. in einer Protestentschließung der Kumpel.

Erst nach der Wende konnte ich mit einem Kollegen sprechen, welcher Augenzeuge der Schlägerei vor der Gaststätte war. Er wohnte genau gegenüber der Gaststätte. Er hat am Fenster stehend dem Tumult zugesehen. Er verzog dann nach Gotha, so dass ein weiterer Kontakt zu ihm nicht möglich war. Erst jetzt bestätigte er mir anlässlich eines Besuches seiner Schwester, dass er vor der Verurteilung der beiden Angeklagten Flugblätter angefertigt habe mit folgendem Wortlaut:

> *"Die Rosenbergs wollt Ihr freikämpfen – Muras und Wilhelm aber wollt Ihr richten."*

Diese Flugblätter hatte er nachts im Zentrum des Ortes und auf der Straße verteilt, die zur B 80 führt. Stunden später ging er los und sammelte sie wieder ein – vom Gewissen getrieben – da er befürchtete, er könnte ermittelt und überführt werden.

Eine konstruierte Anklage

Ich habe bei der Zeugenvernehmung, die in den frühen Morgenstunden des 4. Mai 1952 durchgeführt wurde, ausgesagt, dass ich bei der Wiederbelebung keine Spuren von Blut und auch keine sonstigen auf eine Schlägerei deutenden Zeichen bei Alfred Sobik feststellen konnte.

Im Amtsgericht Nordhausen fanden am 2. Mai die Zeugenvernehmungen statt. Foto: Stadtarchiv Nordhausen

Stark zerstörte Kreisstadt Nordhausen, Foto: Stadtarchiv Nordhausen

Ich kann beeiden, dass weder Ernst Wilhelm noch Johann Muras sich in der Nähe von Alfred Sobik befanden, als dieser zusammenrutschte.

Später werde ich all diese auf das Urteil bezogenen Widersprüche und Unwahrheiten nochmals zusammenfassen.

Es ist unwahr, dass Ernst Wilhelm im Saal – wie es später im Urteil heißen sollte – auf Sobik einschlug. Erst recht nicht Johann Muras, denn der saß zu der Zeit am Tisch neben meiner Frau. Er hatte, wie meine Frau bestätigt, gar keinen Kontakt zu Sobik gehabt. Ernst Wilhelm war vor dem Tod von Sobik und noch längere Zeit danach vor der Gaststätte in eine Schlägerei verwickelt. Solche Kneipenschlägereien waren oín den 50er Jahren keine Seltenheit.

Bei einem genauen Studium des Urteils wird deutlich, dass das Urteil zusammengezimmert war und über das Maß politischen Charakter trug. Doch an anderer Stelle mehr dazu.

Durch Befragen von Nachbarn und Verwandten des Toten fand ich bestätigt, dass Alfred Sobik mehrfach zur stationären Behandlung eines Herzleidens im Krankenhaus Bleicherode gewesen war.

Zu Alfred Sobik ist zu sagen, dass er als Wachmann und Pförtner pflicht-
bewusst, kollegial, bescheiden und zurückhaltend war. Im weiteren Verlauf werden wir sehen, dass er zu einem Volkshelden gemacht wurde. Es
entspach nicht seinem Wesen und gewiss auch nicht seiner Absicht, das
zu sein, wozu man ihn aus politischen Kalkül nach seinem Tode machte.

Der von der Gemeindeschwester herbeigerufene Arzt, Dr. Lakomie, aus
dem Krankenhaus Bleicherode stellte einen Totenschein mit der Todesursache Herzversagen aus.

Der Totenschein wurde in dieser zweiten Untersuchung, im Beisein des
Oberstaatsanwaltes Piehl, annulliert und durch eine amtliche Bescheini-
gung ersetzt, wonach Sobik in den Rücken getreten worden sei und einen
Schlag auf den Hinterkopf erhalten habe. Die Leiche von Alfred Sobik
wurde ins Bleicheröder Krankenhaus überführt. Die Sektion wurde von
Dr. Voigt vom Gerichtsmedizinischen Institut Jena unter Mitwirkung von
Dr. Wehner vom Krankenhaus Bleicherode durchgeführt. .

Dr. Wehner lebte nach der Wende noch im Seniorenheim eines alten Bun-
deslandes. Frau. Dr. Junghanns – die damalige Abteilungsleiterin des
Krankenhauses Bleicherode – sagte mir in einem privaten Gespräch, dass
sich Dr. Wehner im Sektionsbericht nicht festlegen lassen wollte.

im Obergeschoss des Zellenhauses in
der Erfurter Andreasstraße waren
Muras und Wilhelm bis zum
Prozess inhaftiert.
Foto: Andrea Herz

Im Gefängnis der Staatssicherheit Erfurt

Kurz nach dem Geschehen war die Staatssicherheit vor Ort und verhaftete Johann Muras und Ernst Wilhelm. Sie wurden in das Erfurter Staatssicherheitsgefängnis gebracht und dort rabiaten Verhören unterzogen.

Inzwischen wurde bekannt, dass sie dort von dem damaligen Stasi-Untersuchungsleiter Kurt Koch auch misshandelt wurden. In der Nacht vom 3. zum 4. Mai beschimpfte Koch den inhaftierten Ernst Wilhelm als "Arbeitermörder" und "Faschistenschwein" und schlug ihm mit der Faust ins Gesicht. Dem inhaftierten Johann Muros schüttete Koch einen Wassereimer über den Kopf.

Angesichts dessen ist kaum vorstellbar, dass Strafermittlung und Verhöre unvoreingenommen vonstatten gingen. Diese Tage der Untersuchungshaft müssen für beide Inhaftierte eine Tortur gewesen sein.

Vor dem Prozess

So ungewöhnlich wie die Methoden der Prozessführung waren, die auf einer Aussage des Hauptbelastungszeugen Zwetschper beruhten, so ungewöhnlich war auch die Vorbereitung des Prozesses.

Bereits zwölf Tage nach dem Tod von Alfred Sobik wurde der Landesstaatsanwalt Piehl in der Zeitung "Das Volk" vom 12. Mai 1952 wie folgt zitiert:

"Unnachsichtig und hart gegen alle Feinde"

"Wir sind soweit, die Untersuchungen sind abgeschlossen, die Tatsachen stehen fest und die umfassenden Akten liegen zur Verhandlung bereit."

Innerhalb dieser zwölf Tage wurde ein derartiger Prozess vorbereitet. Solch eine Zeit verblüfft nicht nur den Juristen als Fachmann, sondern auch den Laien. Dadurch war es unmöglich, dass die beiden Rechtsanwälte, welche die Verteidigung übernommen hatten, Zeit und Möglichkeit erhielten, sich entsprechend vorzubereiten und mit den Zeugen zu sprechen.

In der Reithalle Nordhausen fand schon nach zweieinhalb Wochen der Schauprozess des Landgerichts Mühlhausen statt. Foto: Stadtarchiv Nordhausen

Der Schauprozess – eine Verhandlung im Stile des Oberstaatsanwaltes Piehl

Am 17. Mai 1952 wurde vom Landgericht Mühlhausen in Nordhausen in der Reithalle die öffentlichen Verhandlung durchgeführt – in Form der damals überall üblichen politischen "Schauprozesse", in denen es mehr um politische Machtdemonstration und Abschreckungswirkung als um Gerechtigkeit und Tatsachen ging.

Am Tag der Verhandlung erkannte ich, dass viele Zeugen, die im Ermittlungsverfahren vernommen worden waren und zur Entlastung der Angeklagten dienen konnten, zum Prozess gar nicht geladen waren. Nur dadurch konnte der Fall in gewünschter Form konstruiert werden.

Unter den Zuschauern dieses Prozesses befand sich auch Hilde Benjamin, die uns später als die blutige Hilde bekannte DDR-Justizministerin, die ich erstmalig bei diesem Prozess sah.

Der Gipfel allen Unrechts bestand darin, dass man einen (heute noch lebenden) Zeugen gedungen hatte, der als Zeuge des Oberstaatsanwaltes Piehl aussagte, dass er – bei der Maifeier neben mir stehend – angeblich gehört haben will, wie Ernst Wilhelm gerufen habe: *"Heute Abend schlagen wir die Kommunisten tot."*

Mein angebliches Versagen bestand darin, dass ich davon nichts gehört habe. In meiner Zeugenaussage bestätigte ich dagegen ausdrücklich, nichts Derartiges gehört zu haben. Daraufhin wurde ich vom Oberstaatsanwalt Piehl angeschrien:

> *"Dann sind Sie ja besoffener als die Angeklagten gewesen."*

Ich habe ihm – mich zur Ruhe zwingend – entgegnet:

> *"Herr Oberstaatsanwalt, man muss nicht unbedingt an der Theke stehen, um zu saufen, sondern man kann sich auch während des Trinkens unterhalten."*

Dieser Ausspruch brachte mir vom Richtertisch eine Ermahnung, den Vorwurf ungebührlichen Verhaltens und eine Parteistrafe der CDU ein. Erst nach Beendigung meiner Vernehmung bemerkte ich, dass ich vor Angst zitterte wie Espenlaub.

Zeitungsbild vom improvisierten Gerichtssaal in der Reithalle. Foto: Das Volk

Diese innere Angst vor eventuellen Konsequenzen habe ich Monate mit mir herumgetragen. Es war bekannt, dass man unbequeme Bürger mit Vorliebe in der Nacht abholte. Deshalb befestigte ich ein Wagenseil zum schnellen Abstieg am Fenster unseres Hauses, um jederzeit fliehen zu können. Diese Zeit der Angst möchte ich nicht noch mal durchleben müssen. Doch was ist das gegen die Qualen der unschuldig zum Tode Verurteilten.

Auch zur wirklichen Todesursache von Alfred Sobik traten während des Schauprozesses Zweifel auf. Seitens der Verteidiger gab es mehrere Rückfragen zum Sektionsbericht. Auf den Inhalt kann ich mich im Einzelnen leider nicht mehr besinnen, nur darauf, dass die Rede davon war, dass Alfred Sobik eine geringfügige Verletzung am Hinterkopf getragen hatte.

Während des Prozesses wurde das Auftreten der Zeugen derart erschwert, dass alle, die die Wahrheit vertraten und dazu standen, grob und durch Drohungen eingeschüchtert wurden.

So auch die Gastwirtin Frau Wichmann, die ebenfalls aussagte, dass sie nicht gehört hatte, dass Ernst Wilhelm angeblich an der Theke "Ein Volk, ein Reich, ein Führer" gerufen haben soll oder Schmähungen auf die rote Fahne ausgestoßen hatte. Sie wurde vom Landesstaatsanwalt Piehl derart behandelt, dass sie einen Weinkrampf bekam und einem Nervenzusammenbruch nahe war.

Gleiches ereilte den Zeugen Bruno Quandt. Nach seiner Aussage wurde er vom Oberstaatsanwalt angeschrieen:

"Zeuge Quandt, treten Sie ab oder es wird brenzlig für Sie."

Die Rechnung des Oberstaatsanwaltes ging nicht ganz auf. Im Verlauf der Gerichtsverhandlung wurde der Zeuge, der angeblich gehört haben will, wie Ernst Wilhelm faschistische Parolen und Schmähungen auf die rote Fahne ausgestoßen habe, durch die Verteidiger Reuter aus Erfurt und Bouillon aus Heiligenstadt in das Kreuzverhör genommen. In dessen Folge wurde die Unglaubwürdigkeit dieses Zeugen bewiesen. Daraufhin wurde dieser Zeuge vom Oberstaatsanwalt Piehl zurückgezogen und von der Vereidigung ausgeschlossen.

Insofern hat keiner der Anwesenden im Saal, einschließlich der Wirtin und des Wirtes, etwas von faschistischen Parolen oder Schmähungen auf die rote Fahne gehört. Es gab somit kein provozierendes politisches Motiv für eine angebliche Körperverletzung und der Urteilstext (Seite 3) ist falsch. Somit hätte man nach Auffassung der Verteidiger den Anklagepunkt der Boykotthetze nach Artikel 6 der Verfassung von 1949 fallenlassen müssen.

Doch nichts dergleichen geschah.

Die Anklage und auch das Gericht in diesem Prozess betonten statt dessen "Mordhetze durch die Tat". In keinem Fall konnte eine Vorsätzlichkeit bewiesen werden. Die Anklage auf Boykott- oder Mordhetze nach Artikel 6 musste aber beibehalten werden. Wie wollte man sonst wegen eines angeblichen Mordes gleich zwei Menschen zum Tode verurteilen. Es hätte schließlich nur einer, was aber auch nicht der Fall war, einen tödlichen Schlag getan haben können. Es sei denn, der eine hätte die Hand des anderen geführt.

Das Todesurteil

Erst nach der Wende wurde das Urteil des Prozesses zugänglich. Hierin werden die ganze Tragweite des Unrechts und die lügnerischen Kombinationen deutlich. Der Text ist im Dokumententeil nachzulesen.

Die ersten Seiten enthalten eine umfassende innen- und außenpolitische Argumentation. Hier setzten sich die SED-Juristen mit ihrem Erzfeind, den Angloamerikanern und deren Helfers-Helfern, den westdeutschen "Kriegstreibern" Adenauer, Lehr und anderen "eingefleischten Feinden des deutschen Volkes" auseinander.

Eingang zur Reithalle in der 80er Jahren,
Foto: Stadtarchiv Nordhausen

Ich zitiere aus dem Urteil eine Passage, worin erkennbar wird, wie hier eine Situation geschaffen wurde, in die beide Angeklagten hineingestellt und zugeordnet wurden, um dem Anlass der Verurteilung zu entsprechen.

„In Westdeutschland haben die Kriegstreiber Helfers-Helfer gefunden. Adenauer, Lehr und andere eingefleischte Feinde des deutschen Volkes betreiben beschleunigt die Wiederaufrüstung und wollen mit Hilfe des Generalvertrages deutsche Menschen den Amerikanern zur Verfügung stellen, damit sie als Kanonenfutter ihre Verwendung finden sollen. Das gesamte deutsche Volk wehrt sich mit Recht dagegen. Um trotzdem ihr Ziel zu erreichen, wird von den Amerikanern alles versucht, diesen Widerstand zu brechen. In Westdeutschland werden demokratische Organisationen verboten oder in ihrer Bewegungsfreiheit gehemmt. Das geschieht einmal durch sogenannte 'gesetzliche' Bestimmungen wie das Verbot der Volksbefragung gegen die Remilitarisierung, das im krassen Gegensatz zum Bonner Grundgesetz steht, und, wenn dieses nicht ausreichen durch brutale Gewaltanwendung wie am Blutsonntag in Essen. Daneben sind eine große Zahl von Organisationen aufgezogen worden, die

Sitz der SED-Kreisleitung Nordhausen,
Foto. Stadtarchiv Nordhausen

den Zweck haben, in der Deutschen Demokratischen Republik durch Provokationen und Sabotageakte Unruhe zu stiften. Die west- deutschen Sender – an der Spitze der Rias – unterstützten mit unun- terbrochener Hetze weitgehendst diese Organisationen. Darüber hi- naus soll die Rundfunkhetze die Menschen in der Deutschen Demo- kratischen Republik beeinflussen, von ihrem Kampf um Frieden und Wohlstand abzulassen, wozu ihre Sendungen klare Anweisungen enthalten, wie der Kampf gegen die Deutsche Demokratische Repu- blik geführt werden müsse.

Auch die diesem Strafverfahren zugrunde liegende Tat ist ein Bew- eis für diese mordhetzerische Zielsetzung der Sendungen der mit anglo-amerikanischem Kapital finanzierten Sender."

Man fragt sich, was dies alles in einem Urteil zu suchen hat.

Es wird deutlich, dass dies ein ausgesprochen politischer Prozess war. In der Schaffung eines abschreckenden Beispiels sollte jeder Bürger erken- nen, dass "Rias hören" teuer bezahlt werden muss. In diesem Fall sogar mit dem Leben.

Die Einschätzung der beiden Angeklagten im Urteil war so lapidar, so einseitig und unwahr, dass dies kaum beschrieben werden kann.

Ernst Wilhelm wurde wegen seiner Zugehörigkeit zur Hitler-Jugend von 1937-41 und wesen seines RIAS-Hörens als fanatischer Gegner der DDR abgestempelt. Beides waren äußerst fragwürdige Argumente. Denn wel- cher Jugendliche zwischen 14 und 18 Jahren war nicht in der Hitler- Jugend? Und wie kann man automatisch unbedingt ein Staatsfeind sein, wenn man einen fremden Sender hört? Ein bei der Haussuchung bei ihm gefundenes Mot.-Schützen-Handbuch aus der Wehrmachtsausbildung genügte, um ihn als Militaristen zu bezeichnen.

Wer er wirklich war, wurde verschwiegen. In seiner Art war Ernst Wil- helm recht offen, kontaktfreudig und kameradschaftlich. Seine ehrliche und offene Art sowie sein fachliches Können trugen ihm als Betriebs- handwerker hohe Achtung und Wertschätzung im Kollektiv ein. In sei- nem Wesen war er wohl lebhaft und impulsiv, aber keineswegs ein Schlä- gertyp. Da er das Herz auf der Zunge trug und auch dem Bürgermeister seine Meinung sagte, machte er sich nicht gerade bei ihm beliebt. So kri- tisierte er zum Beispiel den Bürgermeister, der sich den Hof voller Brennholz gefahren hatte und nicht an die Versorgung der Rentner und alten Leute mit Brennholz dachte. Dies führte natürlich zu einem persönlichen Abneigung. Und der Bürgermeister wusste sehr genau, wie sher er Ernst Wilhelm ärgern konnte, wenn er ihm gegenüber die führende Rolle der SED propagierte und praktisch demonstrierte.

So musste Ernst Wilhelm als Betriebsgruppenvorsitzender der CDU bei Einladungen seiner Partei zu Schulungen und Konferenzen nicht nur die Genehmigung der Betriebsleitung einholen, sondern auch die der SED-Betriebsgruppe. Zu mir sagte Ernst Wilhelm einmal, dies wäre für ihn immer wie ein Gang nach Canossa.

Als Folge eines Disputes mit dem Bürgermeister ging er einmal zu ihm und holte die Unterschrift seiner Frau zurück, die sie für die Ächtung der Atombomben gegeben hatte. Das tat er natürlich nicht, weil er für einen Einsatz von Atombomben war, sondern nur, um dem Ansehen des Bürgermeisters zu schaden, der nach Prozenten von Unterschriften seiner Einwohner beurteilt wurde. Im Urteil wurde das aber verdreht und ihm sehr angekreidet. Er wurde damit als Gegner und Feind der DDR abgestempelt, obwohl er im Grunde nicht mehr und nicht weniger als ein unbequemer Bürger für die SED war.

Ganz offensichtlich wurde das Bemühen, das Positive wegzulassen und das Negative zu übertreiben, auch in der Einschätzung über Johann Muras.

Muras' Verdienste sowohl als Sportfunktionär in der Arbeitersportbewegung als auch als technischer Leiter und Sektionsleiter im Gerätesport wurden gar nicht erwähnt. Doch alle, die unter seiner Leitung geturnt haben, wissen darum.

Er war an diesem Abend des 30. April 1952 erst später zu der Feier gekommen, weil er erst mit dem 20:30 Uhr-Zug von einer Besprechung aus Leipzig zurückgekommen war. Er war vom derzeitigen Vorsitzenden der Sportgemeinschaft Knittel zur Verhandlung dorthin geschickt worden mit dem Ziel, die Sportgemeinschaft in eine "Betriebssportgemeinschaft Chemie" zu überführen und auch die dazu notwendigen finanziellen Mittel zu erwirken. Über das Ergebnis der von ihm geführten Verhandlung hat niemand etwas erfahren können.

Es war im Urteil auch eine ganz infame Unterstellung, dass die beiden Angeklagten ihre Mitgliedschaft in der CDU zu Tarnzwecken ausgenutzt hätten.

Da mir auch Johann Muras seinem Charakter und Wesen nach bekannt war, ist es für mich völlig unvorstellbar, dass er über den damaligen Präsidenten Wilhelm Pieck gehässige Äußerungen gemacht haben soll.

Brutale faschistische Mordtat in Obergebra

Am Vorabend des 1. Mai verübten faschistische Banditen in Obergebra (Kreis Nordhausen) einen feigen Mord an einem aufrechten und bewährten Kämpfer der Arbeiterklasse, dem Genossen Alfred Sobik.

Die Mörder W i l h e m und M u - r a s benutzten eine Belegschaftsveranstaltung um faschistische Lieder zu grölen und mit Nazi- und Rüspa- rolen die Versammelten zu provozieren. Genosse Alfred Sobik, Mitglied der Ortsleitung der Partei, trat die-

sen faschistischen Provokateuren entschlossen entgegen und forderte sie auf, den Saal zu verlassen. Daraufhin ging Wilhelm und später Muras in der brutalsten Weise mit Faustschlägen und Fußtritten gegen den 56 Jahre alten Genossen Sobik vor, der unter diesen Mißhandlungen tot zusammenbrach. Zu spät erkannten die Versammelten die Mordabsichten der Faschisten Wilhelm und Muras. Sie konnten aber die Mörder festhalten und der Polizei übergeben.

Beide Mörder, als wütende Feinde der Sozialistischen Einheitspartei Deutschlands und unserer antifaschistisch-demokratischen Ordnung bekannt, hatten das Mitgliedsbuch einer demokratischen Partei benutzt, um ihre faschistische Wühl- und Terrortätigkeit zu tarnen. Bei Wilhelm selbst wurde bei seiner Durchsuchung ein Lehrbuch für die Infanterie der Naziwehrmacht gefunden, in dem er die Sendezeiten des Rias vermerkt hatte.

Genosse Alfred Sobik, der seit dem 1926 in den Reihen der KPD gegen den Faschismus und für die Interessen der Arbeiterklasse und aller friedliebenden und demokratischen Kräfte unseres Volkes kämpfte, ein hervorragender Genosse und Funktionär in den ersten Reihen der Sozialistischen Einheitspartei Deutschlands stand, hatte das Vertrauen aller friedliebenden und demokratischen Menschen seines Ortes und darüber

hinaus des Kreises Nordhausen. Er hinterläßt Frau und sechs Kinder.

Diese brutale Mordtat, die nach den bekannten Methoden der Himmler-SS vorbereitet und durchgeführt wurde, hat bei der gesamten Bevölkerung Thüringens höchste Empörung ausgelöst. Wilhelm, Muras und ihre Hintermänner, die im Rias

und anderen Hetzorganen zu faschistischem Mord und Terror aufrufen, wollen das Rad der Geschichte um 20 Jahre zurückdrehen, das deutsche Volk noch einmal in das Chaos der nazistischen Barbarei, eines Raubkrieges und der Vernichtung von Millionen Menschen zu

(Fortsetzung auf Seite 2)

Nachruf

Am 30. April 1952 wurde das Mitglied der Ortsparteileitung Obergebra im Kreis Nordhausen, unser Genosse

Alfred Sobik

geboren am 4. Mai 1896 in Bielschowitz

durch faschistische Mordbuben ermordet.

Die Sozialistische Einheitspartei Deutschlands verliert im Genossen Sobik einen treuen, aufrechten Kämpfer für die Interessen und Rechte der Arbeiterklasse und der gesamten Nation, einen treuen Freund des großen Sowjetvolkes, einen Streiter für Frieden und Völkerfreundschaft.

Seit dem Jahre 1926 als Mitglied der Partei Ernst Thälmanns, der KPD, an vorderster Stelle der deutschen Arbeiterbewegung kämpfend, setzte Genosse Sobik damals wie heute seine ganze Kraft rückhaltlos für die Befreiung der Arbeiterklasse von imperialistischer Unterdrückung, gegen Faschismus und Krieg und für die Erreichung unseres großen Ziels, den Sozialismus, ein.

Sein Tod ist für die gesamte Partei und darüber hinaus für alle friedliebenden und patriotischen Kräfte unseres Volkes Mahnung und Verpflichtung, noch entschlossener und unversöhnlicher gegen jede Form der faschistischen Hetze, gegen die Agenten und Saboteure, die Feinde unseres Volkes und der Weltfrieden vom Schlag der Truman, Churchill, Adenauer und Schumacher und ihre verbrecherische Politik zu kämpfen und unserem deutschen Volk eine friedliche und glückliche Zukunft zu sichern.

Wir werden stets in Ehren des Genossen Sobik gedenken.

Erfurt, den 2. Mai 1952

Landesleitung Thüringen
der Sozialistischen Einheitspartei Deutschlands
gez. Erich Mückenberger gez. Otto Funke

Die Trauerfeier für Genossen Sobik findet am Sonntag, dem 4. Mai 1952, 15 Uhr, in Obergebra statt.

Mir erscheint es heute, dass es eine wohldurchdachte Finte des Landesstaatsanwaltes Piehl war, um beim Präsidenten eine Ablehnung eines wahrscheinlich folgenden Gnadengesuches zu veranlassen. Insofern möchte ich die Auffassung des Herrn Eduard Seifert aus Großlohra – Verfasser des Artikels: "Einige Anmerkungen zur Sonderseite im Fall Sobik" – teilen, wenn er schreibt: *"Aber wenn Piehl inszenierte, tat er es perfekt und überließ nichts dem Zufall."*

Solche Verbrechen in der Ermittlung, der Rechtssprechung sowie der Umkehr der Wahrheit waren nur möglich unter dem Schutze einer Besatzungsmacht.

Beide Angeklagten wurden nicht nur nach Artikel 6 der Verfassung der DDR sondern auch nach der Kontrollratdirektive – KD 38 – verurteilt. Die KD 38 Abschn. II Art. III A III erklärt militärische Propaganda als strafbar, ist aber kein Gesetz, sondern ursprünglich nur eine Vereinbarung der alliierten Siedermächte von 1945 über ihr juristisches Verhalten als Besatzungsmächte. Deutsche Stellen hätten also ohne die Besatzungsmacht gar keine Befugnis gehabt, damit eine Todesstrafe zu begründen.

Das Singen des Liedes "Von den Bergen rauscht ein Wasser..." reichte in der Praxis der jungen DDR-Justiz aus, um jemandem eine militärische Propaganda unterzuschieben und daraus ein angebliches Motiv für ein

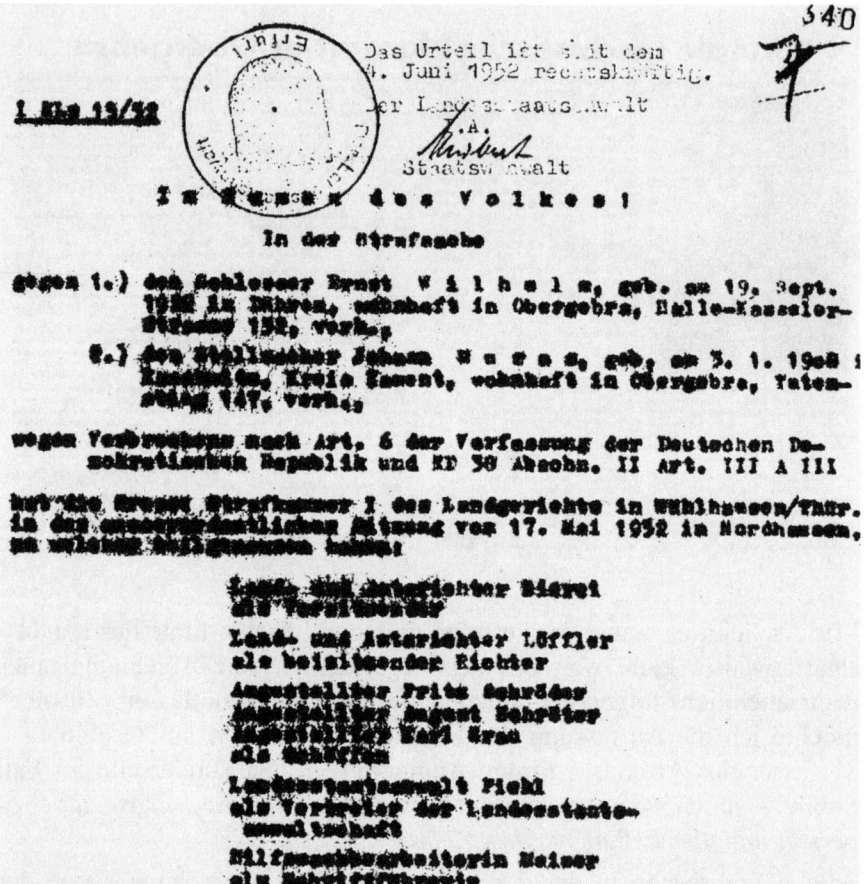

Todesurteil zu machen. Dabei war dieses Lied, wie Rechtsanwalt Reuter in seinem Einspruch gegen das Urteil betont, ein bereits vor 1914 sehr oft gesungenes Wanderlied. Es wurde dann, wie manches andere Lied, auch vom Militär gesungen, stellte aber deshalb keine militaristische Propaganda dar. Man hätte ja sonst auch alle, die dieses Lied mitgesungen haben, so auch mich, bestrafen müssen.

Ausschlaggebend für die Verurteilung nach der Kontrollratsdirektive 38 Abschn. II Art. III A III könnte der Besuch eines Vertreters der sowjetischen Kontrollkommission, Herrn Simonajew aus Weimar, zu sein. Er erkundigte sich ausführlich über die Arbeit der Kreis- und der Ortsverbände der CDU und stellte Fragen nach der persönlichen Vergangenheit der Angeklagten. Hierbei soll er Einsicht in alle Unterlagen genommen und sich Notizen gemacht haben.

Aber das muss nicht der Grund sein, denn die Kombination von Kontrollratsdirektive und "Boykott- oder Mordhetze" nach Artikel 6 dienten in den 50er Jahren als Grundlage für die Mehrzahl politischer Strafurteile.

Eine Verurteilung der beiden Angeklagten nach Artikel 6 der Verfassung – Boykott- und Rassenhetze – war letzten Endes genauso fragwürdig. Ein Verfassungsartikel ist keine Strafgrundlage. Dafür hätte es einen Paragraphen im Strafgesetzbuch geben müssen, der eine genaue Strafdefinition und auch Mindest- und Höchststrafmaße enthält. Die DDR-Justiz konnte damit nach Belieben jegliche kritische Äußerung zur SED-Politik oder den Funktionären als "Boykotthetze" definieren und die Bürger für alles betsrafen, was ihr in den Sinn kam.

Der Rechtsanwalt Reuter geht in seinem Einspruch gegen das Urteil vom 28. Mai 1952 noch von einer fehlerhaften Anwendung aus und forderte nur die Umwandlung der Todesstrafe in eine Freiheitsstrafe. Erst durch ein umfassendes Studium der Akten und der Aussagen der Zeugen kommt er zu der Überzeugung, dass auch der Artikel 6 der Verfassung nicht verletzt wurde, da keiner von den Anwesenden, einschließlich des Wirtes, etwas gehört hat, was den Angeklagten zum Vorwurf gemacht werden konnte.

Widersprüche und Unwahres im Urteilsspruch

Nachfolgende Widersprüche sind zusammengefasst im Urteil zu finden:

♦ Es ist nicht wahr, dass an der Theke militaristische oder faschistische Parolen gegrölt wurden, welche die Anwesenden provozierten, wie es im Urteil heißt.

♦ Von einer "Mordhetze", wie es Artikel 6 der Verfassung besagt, kann keine Rede sein. Eine Befragung von fünf Zeugen, welche der Kreisstaatsanwalt, Herr Enzian, beim Kreisgericht in Nordhausen am 2.

Mai 1990 durchführte, brachte eine völlig andere Sachlage zum Hergang zutage. Es wird nachgewiesen, dass die Anschuldigungen aus dem Urteil unwahr sind.

- Ebenfalls erwiesen ist, dass im Saal keine Unruhe oder Schlägerei stattgefunden hat.
- Es ist unwahr, dass Ernst Wilhelm im Saal auf Sobik einschlug. Schon gar nicht Johann Muras, denn dieser saß, als Alfred Sobik zusammenbrach, am Tisch neben meiner Frau.
- Wahr ist, dass Alfred Sobik, als er von draußen reinkam, etwa 8 – 10 Schritte tat, dann schwankte und in sich zusammenbrach.
- Wahr ist auch, dass Alfred Sobik – laut Sektionsbefund von Dr. Voigt von der Gerichtsmedizin Jena – nur eine unerhebliche Verletzung am Kopf hatte. Es entspricht der Logik und man muss kein Fachmann sein, um zu begreifen, dass der ohnmächtig werdende Sobik beim Fall ja auch mit dem Kopf irgendwo auf den Fußboden aufschlagen muss.
- Wahr ist auch, dass ich bei den Wiederbelebungsversuchen, die ich über einen längeren Zeitraum durchführte, keinerlei Spuren äußerer Einwirkung feststellen konnte. Ich muss dies auch angesichts der Anschuldigungen im Urteil auch um folgende Feststellung erweitern: Alfred Sobik trug keinerlei Blutspuren, weder an den Händen noch an der Kleidung. Dies hätte sicher sein müssen, wenn Alfred Sobik mit Ernst Wilhelm im Schlagabtausch gestanden hätte, denn Ernst Wilhelm war mit Blut aus Mund und Nase völlig besudelt. Diese blutige Schlägerei hatte draußen stattgefunden und erst nach Eintreffen der Gemeindeschwester geendet.
- Zu Unrecht hat man die Schlägerei mit dem Tode von Sobik in Verbindung gebracht.

Alle Anwesenden wussten um die Wahrheit, aber alle haben sich vor Angst geduckt. Man muss hier in der ehemaligen DDR gelebt haben, um die Angst zu verstehen und zu begreifen. Es kam einem Wandel zwischen zwei Welten gleich. In einem Staat, wo alles Recht war, was der Gesellschaft nützte. Doch wie "subjektiv" war diese Nutzenseinschätzung manchmal. Wie recht hat doch Stephan Heym, wenn er sagt: "Wir haben in einem Staat gelebt, den wir jetzt nach der Wende erst kennen lernen."

Im Ergebnis der Verhandlung vor der Großen Strafkammer vom 17. Mai 1952 blieb es jedoch dabei, dass Ernst Wilhelm und Johann Muras laut Richterspruch zum Tode verurteilt wurden.

Gnadengesuch durch Präsidenten abgelehnt – Urteil vollstreckt

Die Angehörigen beider Familien richteten durch den Rechtsanwalt ein Gnadengesuch an den damaligen Präsidenten Wilhelm Pieck. Eine Antwort blieb aus. Erst am 29. September 1952, also 23 Tage nach der Hinrichtung, erhielt Rechtsanwalt Reuter vom Generalstaatsanwalt der DDR die Nachricht, dass der Präsident von seinem Gnadenrecht keinen Gebrauch gemacht habe. Solche Mitteilungen über die Ablehnung des Gnadengesuches erhielten Anwälte früher vor der Urteilsvollstreckung.

REUTER
RECHTSANWALT

Sprechstunden von 15—17 Uhr nachmittags
Mittwoch und Sonnabend nachm. geschlossen

Fernsprecher 3111
Postscheckkonto Erfurt 5860

Frau
Hedwig M u r a s

O b e r g e b r a
—·—·—·—·—·—·—·—·—·—
b./ Nordhausen

🕮 Erfurt, den
Domplatz 6/9 13.Oktober 19'

Sehr geehrte Frau Muras!

Erst auf Anfrage erhielt ich unter dem 25.9.1952 -eingegangen am 29.9.- von dem Generalstaatsanwalt der Republik die Nachricht, dass der Präsident der DDR von seinem Gnadenrecht keinen Gebrauch gemacht hätte. Solche Mitteilungen erhielt der Anwalt früher vor Vollstreckung eines Urteils.
Ich spreche meine aufrichtige Anteilnahme zu dem Geschehenen aus.
Es wäre mir lieb, wenn wir uns über manches einmal aussprechen könnten. Deswegen bitte ich Sie, falls Ihre Zeit es erlaubt, mich einmal aufzusuchen.

R/J.

Hochachtungsvoll!

Durch eine Nachricht vom 11. September 1952 wurden die nächsten Angehörigen der Familien Muras und Wilhelm zum Rat der Stadt Nordhausen zwecks einer persönlichen Aussprache am 18. September 1952 um 14 Uhr geladen. Hier teilte man den Familien die Vollstreckung des Urteils mit.

Am 26. November 1952 richteten beide Familien an den Generalstaatsanwalt über die Staatsanwaltschaft Erfurt den Antrag, die Urnen mit den sterblichen Überresten zur Bestattung in Obergebra auszuliefern, wie es am 18. September 1952 versprochen worden war. Sie bekamen am 4. Dezember 1952 vom Generalstaatsanwalt die Nachricht kurz und bündig:

"In Beantwortung Ihres Schreibens vom 26.11. 1952 teile ich Ihnen mit, dass ich Ihrem Wunsche vorläufig aus bekannten Gründen nicht entsprechen kann."

Von der Bestattungseinrichtung der Stadt Dresden ging beiden Familien ein Bescheid über die stattgefundene Einäscherung mit Angabe der Einäscherungs-Registriernummer zu. Im Frühjahr 1953 wandten sich beide Familien erneut an den Präsidenten mit einer Eingabe und mit der Bitte, die Urnen freizugeben.

DER GENERALSTAATSANWALT
DER DEUTSCHEN DEMOKRATISCHEN REPUBLIK

Az.: I/1 – 223/52
(In jedem Schreiben anzugeben)

BERLIN N 4, DEN 11.9.19
SCHARNHORSTSTRASSE 34
TELEFON: 42 44 1o
Pie/Mi.

Frau
Muras

O b e r g e b r a b.Nordhausen/Thür.
Tutenstieg 147

Sie werden gebeten, sich zwecks einer persönlichen Aussprache am 18. September 1952, 14.oo Uhr, beim Rat der Stadt Nordhausen, Vorzimmer des Herrn Bürgermeisters, einzufinden.

Im Auftrage:

Staatsanwalt

BESCHEINIGUNG

In der Feuerbestattungsanstalt der Stadt Dresden wurden heute die sterblichen Überreste
de s

Herrn W i l h e l m, Ernst

geboren am 19.9.1922 zu Dühre Salzwedel

gestorben am 6.9.1952 zu Dresden

eingeäschert.   Einäscherungs-Register Nr. 129119

Dresden, den 6. Sept. 1952

BESTATTUNGSEINRICHTUNGEN DER STADT DRESDEN
Feuerbestattungsanstalt
i.A.

Leiter der Feuerbestattungsanstalt

P 50 508 5,0 848

DEUTSCHE DEMOKRATISCHE REPUBLIK

M I N I S T E R I U M   D E S   I N N E R N

HAUPTVERWALTUNG
DEUTSCHE VOLKSPOLIZEI
Hauptabteilung: SV
Stellvertr. PA

BERLIN W8
Glinkastraße 35
Fernruf 425671, Hausapparat

den 4. September 1952
Aktenzeichen: 12/01/85 Amh.-2
(BEI ZUSCHRIFTEN STETS ANGEBEN)

360

An den
Leiter der UHA Dresden

D r e s d e n - A.
George-Bährstr.

Für die durch den Überbringer zur Einlieferung kommenden Strafgefange-
nen

     Johann   M u r a s , geb. 3.1.08
     Ernst   W i l h e l m, geb. 19.9.22

wird hiermit Annahmeanordnung erteilt.

                 Stellvertr. Hauptabteilungsleiter PA

                        (Siegemund)
                     VP-Inspekteur

VP-Kasse: Bankverbindung: Deutsche Notenbank Konto-Nr. 110 - Hauptkasse: Bankverbindung: Deutsche Notenbank Konto-Nr. 134
SK 6 (97/11) 6078 5. 52

Liebe Eltern u. Geschwister!
Leider ist es uns nicht vergönnt, das wir
uns noch mal sehen konnten. Ihr ward
immer so sorgenvoll um Euren Sohn und Bruder.
Das ich so von Euch scheiden muß, hätte ich
nie geglaubt. Ich danke Euch in meinen
letzten Stunden, für alles Liebe was Ihr an mir
getan habt. Laß Gott die Sonne noch lange für
Euch scheinen, behaltet mich in Erinnerung u. des
was ich für Euch war. Behüt Euch Gott.
        Euer Sohn u. Bruder Ernst.
        6.9.52
        Dresden

Hier die Antwort an die Mutter von Ernst Wilhelm:

> *"Sehr geehrte Frau Wilhelm!"* – War denn wenigstens die Anrede ehrlich? – *"Nach Fühlungnahme mit der Leitung des Strafvollzuges in der Deutschen Demokratischen Republik teilen wir Ihnen mit, dass die Übergabe der Urne an Sie nicht erfolgen kann. Wir nehmen an, dass Sie einzusehen vermögen, dass hierfür Gründe maßgeblich sind, die keinerlei Schikane gegen Angehörige darstellen."*

Meinen Kommentar muss ich mit der Frage beginnen, was das für ein Präsident war? Uns allen vorher gut bekannt, beliebt, fast gekrönt mit einem Heiligenschein. Er ließ sich gern und oft mit Kindern fotografieren, hatte aber, aber wie wir feststellen, ein Herz aus Stein. Vom Gewissen will ich erst gar nicht reden. Ein wohl begründetes Gnadengesuch abzulehnen und darüber hinaus den Angehörigen die Urnen der Getöteten zu verweigern, übersteigt doch alles, was man als menschlich und menschenwürdig bezeichnet. So treffen ihn sowie die Richter und den Staatsanwalt der Vorwurf und die Anklage, nicht nur einen, sondern gleich zwei Justizmorde begangen zu haben.

Unrühmliche Rolle der Ost-CDU und die Protokolle "Muras-Wilhelm" bei der CDU Nordhausen

Durch dieses Unrechtsurteil kommt die Gewaltherrschaft des Staates und seiner Partei zum Ausdruck. Ja selbst die damaligen Mitglieder der CDU-Führungsspitze waren der SED als Staatspartei ergeben. Aus welchem Grund wohl? Hier muss ich Herrn Dr. Schröter zustimmender in seinem Artikel: *"Noch einmal: Der Fall Sobik"* die Feststellung trifft, dass *"Parteigänger Ulbrichts die Gelegenheit nahmen, sich durch willfähriges Verhalten gegenüber der SED für hohe Parteiämter zu empfehlen, so die Herren Nuschke, Götting, Bach und Kalb"*.

Sie unternahmen nichts, was der Interessenvertretung der Angeklagten als CDU-Mitglieder und der Aufklärung des wirklichen Geschehens diente. Im Gegenteil, sie schlossen Ernst Wilhelm und Johann Muras aus der CDU aus und erklärten, sie seien der "westlichen Propaganda" unterlegen. Sie nahmen mit Stillschweigen hin, dass in der Urteilsbegründung die Feststellung getroffen wurde, dass beide Angeklagten nicht mit mildernden Umständen zu rechnen haben, da sie sich nicht darauf berufen können, in einer demokratischen Organisation am Aufbau mitgearbeitet zu haben. In dieser Auffassung kommt der schizophrene Charakter des Szenariums und der politischen Beteiligten zum Ausdruck.

Wie schmählich die Angeklagten von ihrer Partei CDU im Stich gelassen wurden, zeigt eine Veröffentlichung in der SED-Regionalzeitung "Das Volk" vom 12. Mai 1952. Der Landesverband Thüringen der CDU bekundet dort seine Anteilnahme in einem von Herrn August Bach unterzeichneten Schreiben an die Landesleitung der SED, in dem es heißt:

"Im Namen des Landesvorstandes Thüringen der Christlich Demokratischen Union spreche ich Ihnen zu der feigen Mordtat in

Obergebra, dem das Mitglied Ihrer Partei, Alfred Sobik, zum Opfer gefallen ist, unser aufrichtiges Beileid aus."

Umfangreiche Protokolle und Aufzeichnungen über das geschehen bei der Maifeier in Obergebra gab es nicht nur beim Gericht, sondern auch in der Kreisgeschäftsstelle der CDU in Nordhausen.

Hieraus geht hervor, dass der CDU-Generalsekretär Gerald Götting noch vor der Verhandlung, bereits am 9. Mai 1952, persönlich nach Nordhausen geeilt ist. Der Verlauf der Beratung lässt sehr schnell erkennen, dass es keineswegs um eine gerechte Beurteilung der Ereignisse ging.

Von Interesse für Götting waren zwei Fragen: Warum wurden die höheren CDU-Stellen nicht noch in derselben Nacht von dem "Mord" informiert? Wie konnte es geschehen, dass "Elemente" wie Wilhelm und Muras überhaupt Mitglied der Partei waren?

Der Generalsekretär hatte dann auch zu vermelden:

"Walter Ulbricht hat gesagt, dass der Prozess öffentlich geführt wird."

Als sehr mutig erwies sich in der Aussprache in Nordhausen ein Mitglied des Ortsvorstands Obergebra, Frau Hilde Keitel, jetzt Frau Hilde Riemann.

Sie bezeugt, dass ihr Äußerungen von Wilhelm und Muras gegen den Staat und gegen die SED nicht bekannt waren und dass dies auch alle anderen Obergebraer so sahen. Sie nahm Anstoß daran, dass in der Zeitung bereits von "vorsätzlichem Mord" berichtet wurde. Protokolliert wurde auch ihre Aussage darüber, dass die Bevölkerung die Unionsmitglieder indirekt frage:

"Wollt Ihr nun zusehen und Euch gefallen lassen und mit ansehen, was mit den beiden geschieht?"

Frau Keitel wird am 24. Mai 1952 aus der Mitgliedsliste der CDU gestrichen. Andere, die sich für die Wahrheit einsetzten, bekamen einen strengen Verweis. Somit machte man sie mundtot.

Auf Wunsch der SED-Bezirksleitung Erfurt forderte der CDU-Zentralvorstand sogar, dass die Ortsgruppe der CDU Obergebra solle ihre Eigenständigkeit aufgeben und sich der CDU-Ortsgruppe Bleicherode anschließen solle. Im September 1952 kam es dann auch zur Auflösung.

Einige Mitglieder des damaligen CDU-Kreisvorstandes Nordhausen, die ihren Unwillen zu den Machenschaften zum Ausdruck brachten, hatten harte Konsequenzen zu tragen. Man hoffte sich damit den Fall Sobik vom Halse zu schaffen.

Eine fürstliche Beerdigung für Alfred Sobik

Die Bevölkerung von Obergebra und die Belegschaftsmitglieder mit Ehegatten, die bei der Maifeier dabei gewesen waren und auch gesehen hatten, wie Alfred Sobik ohne äußere Einwirkung zusammenbrach, hatten Angst. Nur im vertrauten Kreise unterhielt man sich über die Wahrheit. So ist es auch erklärlich, dass zur Beerdigung von Alfred Sobik kein Einheimischer zugegen war.

Die Beerdigung war, entsprechend des geschaffenen Ereignisses, pompös vorbereitet worden. Die Parteien, Betriebe sowie die Institutionen des Kreises wurden zur Teilnahme verpflichtet. Schulkinder mussten Spalier stehen. So fiel die Abwesenheit der Ortsansässigen überhaupt nicht auf.

Geraume Zeitspäter wurde die Leiche Sobiks exhumiert und an zentraler Stelle auf dem Friedhof wieder beigesetzt. Das ehemalige Kaiser-Wilhelm-II-Denkmal, welches bislang auf der Promenade in Nordhausen stand, wurde für Alfred Sobik umfunktioniert und an der Grabstelle in Obergebra aufgestellt. Man schuf einen Höhepunkt, der alljährlich Anlass dazu gab, am Todestag Kranzniederlegungen stattfinden zu lassen.

Die politische Motivation bestand darin, zu diesem Höhepunkt "Klassen-kampf" und "Wachsamkeit" zu üben. Gegen Ende der 60er Jahre ebbte dieser Rummel mehr und mehr ab und verschwand gänzlich.

Meine Forderungen und Gefühle sind nicht von Rache begleitet. Dieses Denkmal hätte ruhig stehen bleiben können. Jedoch die Inschrift: "*Er-mordet am 30.04.1952*" musste gelöscht werden. Dieses im Interesse der beiden unschuldig zum Tode verurteilten Arbeitskollegen sowie vor allem im Interesse der Angehörigen.

Repressalien gegen den Obergebraer Gastwirt

Auch das Gaststättenehepaar Wichmann blieb von der Justiz nicht ver-schont. Der Sohn, Rudolf Wichmann, erinnert sich:

"Die Gaststätte in Obergebra betrieben meine Eltern seit 1933. Zu Kriegsende hatte sich ein sowjetischer Militärstab im Saal ein-quartiert. Als dieser später nach Mühlhausen verlegt wurde, nah-men die Soldaten fast das ganze Inventar mit. Bis 1963 versuchte mein Vater, dafür Schadenersatz zu erhalten. Vergeblich! Mehr schlecht als recht gelang es ihm, mit geborgtem Mobiliar die Gast-stätte wieder zu eröffnen.

Es war schon Tradition, dass die Maifeier der Schachtanlage Obergebra am 30.04. jedes Jahres in unserer 'Dorfkneipe' statt-fand. So auch 1952. Nur konnte keiner wissen, dass es der letzte Abend in dieser Gaststätte sein sollte. Wie so oft habe ich an jenem denkwürdigen Abend mitgeholfen. Ich war damals 13 Jahre. Gegen 22 Uhr wurde ich ins Bett geschickt, kurz bevor Alfred Sobik tot zusammenbrach. Was sich in den nächsten Tagen und Wochen abspielte, lässt sich nur schwer beschreiben.

Am 17. Mai fand der Prozess gegen Wilhelm und Muras statt, die von vornherein als 'Mörder' abgestempelt wurden. Meine Eltern, als Zeugen geladen, konnten in keiner Weise die beiden Angeklag-ten belasten. Das wurde ihnen zum Verhängnis. Ihnen wurde vom Oberstaatsanwalt Piehl schon während des Prozesses gedroht, dass sie die Gaststätten-Konzession verlieren würden.

Aber wie sollten sie die Angeklagten belasten? Die angebliche 'Schlägerei' spielte sich ja draußen ab.

Es kam wie angedroht. Umgehend entzog der Kreisrat des Landkreises Nordhausen meinem Vater die Konzession zur Führung einer Gaststätte, da er anlässlich einer Betriebsfeier, bei welcher es zu Tätlichkeiten kam, die einen Todesfall zur Folge hatten, in seiner Eigenschaft als Gastwirt nicht die nötigen Maßnahmen ergriffen habe, die das Gesetz vorschreibt, um Ausschreitungen in diesem Ausmaß zu verhindern.

Vater glaubte an die Gerechtigkeit. Er nahm den ungleichen Kampf mit der Justiz auf. Zusammen mit seinem Rechtsanwalt hat er alles unternommen, um sein Recht zu erhalten.

Doch es blieb bei dem ungerechten Beschluss."

Erst lange Zeit später erfuhren die Angehörigen der zu Unrecht getöteten Johann Muras und Ernst Wilhelm, dass die Urnen in diesem Dresdner Massengrab beigesetzt waren. Foto. privat

II. Teil:

Die Aufarbeitung des Falles Sobik ab 1989

Sofort nach der politischen Wende entschloss ich mich, am 28. November 1989 beim Kreisstaatsanwalt in Nordhausen vorstellig zu werden. Staatsanwalt Reuter nahm beim Kreisgericht Nordhausen meinen Antrag auf Aufhebung des Urteils vom 17. Mai 1952 und damit auf Rehabilitierung beider zum Tode verurteilten Arbeitskollegen entgegen. Am 5. Januar 1990 bekam ich die Nachricht, dass der Antrag zuständigerweise an den Bezirksstaatsanwalt übergeben wurde. Der Bezirksstaatsanwalt schickte ebenfalls ein Schreiben mit der Bestätigung der Antragsübernahme und der Nachfrage nach dem Verhandlungsort des Prozesses, da die Unterlagen nicht gefunden werden konnten. Am 9. Januar teilte ich ihm das zuständige Gericht sowie den Verhandlungsort mit.

Ich möchte nicht verschweigen, dass ich die Befürchtung hatte, die Gerichts- und Ermittlungsakten könnten verbrannt worden sein, denn überall las man in den Zeitungen, dass die Staatssicherheit umfangreiche Akten und Bildmaterial vernichtet hatte.

Ich kann heute sagen, dass ich durch die Staatsanwaltschaft Nordhausen große Unterstützung erhalten habe. Dem Kreisstaatsanwalt ist es zu verdanken, dass am 2. Mai 1990 eine Befragung von fünf noch lebenden Zeugen zum Fall Sobik vorgenommen wurde. Der Kreisstaatsanwalt befand sich, so konnte ich häufig feststellen, in einer schwierigen Lage. Einerseits seine moralische Verpflichtung umfassender zu helfen und andererseits seine fehlende Kompetenz. Er betonte immer, Entscheidungen in dieser Angelegenheit treffen das Oberste Gericht oder der Generalstaatsanwalt der DDR.

Zwischenzeitlich wurden die Akten des Prozesses an verschiedenen Stellen der DDR-Justiz gefunden. Nach dem Studium der Akten äußerte der Kreisstaatsanwalt gegenüber der Zeitung "Thüringer Allgemeine":

> "Dann haben wir versucht, die Prozeßakten auf den Tisch zu bekommen. Ich muß ehrlich sagen, ich wollte nicht glauben, dass es so etwas je gab. Aber schon ein Blick in das Urteil machte deutlich, dass hier offensichtlich ein Unrechtsurteil vorlag."

So war es auch nicht verwunderlich, dass der Kreisstaatsanwalt Herr Enzian am Gottesdienst in der Kirche Obergebra zum Gedenken an die unschuldig Hingerichteten teilnahm und die Anwesenden über den Stand des Verfahrens unterrichtete.

Mein mangelndes Vertrauen in die oberen Justizorgane veranlasste mich auch, am 21. Dezember 1989 zur Zentralen Erfassungsstelle nach Salzgitter zu fahren. Einen Schritt, den ich heute noch für richtig und wichtig halte. Als ich mich nach dem Vorhandensein etwaiger Unterlagen zum Sobik-Prozess erkundigte, teilte mir Oberstaatsanwalt Herr Sauer mit, dass über den Sachverhalt und den Prozess deshalb keine Unterlagen vorhanden wären, weil die Zentrale Erfassungsstelle ihre Tätigkeit erst 1961 aufnahm und nur in Einzelfällen Kenntnis zu früherer Zeit besitzt.

In Salzgitter war ich entsetzt, als ich erfuhr, wie viel Akten und Anzeigen von Unrecht der DDR dort aufbewahrt werden. Zahlen zwischen 35.000 – 40.000 wurden genannt. Dort wurde mir klar, warum die Honecker-Regierung so großes Interesse an der Auflösung der Erfassungsstelle Salzgitter hatte und jede politische Forderung an die BRD damit verband.

Ich war um die Erkenntnis reicher, dass die Kategorien Faschismus, Sozialismus und Terror zusammengehören. Dies wird auch daran deutlich, dass an denselben Stellen, wo die Faschisten gemordet haben, auch die Sozialisten ihre Mordtaten fortgesetzt haben: an den gemeinsam genutzten KZs oder aber der Hinrichtungsstätte des NS-Volksgerichtshofes im Georg-Schumann-Bau der Technischen Universität Dresden, wo heute eine Mahn- und Gedenkstätte ist.

Montagsdemo in Obergebra

In der Zeit vom 4. Dezember 1989 bis 14. Mai 1990 fand jeden Montag um 18.15 Uhr eine stille Demonstration vor dem damals noch so genannten Alfred-Sobik-Heim statt. Die Teilnehmer waren die Angehörigen der zum Tode Verurteilten, Anhänger der 1984 durch Herrn Egon Primas neu gegründeten Ortsgruppe der CDU sowie Ortseinwohner.

Im stillen Gebet und Gedenken zündeten die Anwesenden die Lichter an, in der Hoffnung, dass sich endlich das Licht der Wahrheit und die Gerechtigkeit durchsetzt, dass das Schandurteil aufgehoben wird und eine Rehabilitierung erfolgt. Doch wie unsagbar schwer war es, sich in Geduld zu üben und keine Vorverurteilung vorzunehmen. Diese stille Demo wurde von Frau Gisela Stange ins Leben gerufen und auch von ihr geleitet.

Große Unterstützung fand Frau Stange durch die Kirche, die Kreisgeschäftsstelle der CDU sowie durch den Kreisvorsitzenden der CDU, Herrn Dr. M. Schröter. Als ich mich bestätigt fühlte, dass die CDU des Kreises ein großes Interesse an der Aufarbeitung der Vergangenheit hatte, verband ich mich mit der Kreisgeschäftsstelle und stimmte mich in meinem Tun mit ihr ab. Hier erfuhr ich, dass auch umfangreiche Parteiakten aus der Zeit von 1952 und speziell über den Prozess vorhanden waren.

Die Montagsdemonstrationen und die Bereitschaft der Kreisgeschäftsstelle der CDU, zu einer Klärung beizutragen, führten zu dem Entschluss, am 30. Januar 1990 mit dem damaligen Geschäftsstellenleiter der CDU in Nordhausen, Herrn Egon Primas – jetzt Abgeordneter des Thüringer Landtages –, zur Volkskammer nach Berlin zu Herrn Dr. Toeplitz zu fahren und ihn um Unterstützung zu bitten. Dr. Toeplitz war Vorsitzender einer zentralen Ermittlungskommission der Volkskammer zur Aufdeckung von Amtsmissbrauch und Korruption. Er versprach uns, sich nach Kenntnisnahme der Dinge mit dem Generalstaatsanwalt in Verbindung zu setzen und uns zu unterstützen.

Bereits am 5. Februar 1990 teilte mir der Bezirksstaatsanwalt mit, dass ein großer Teil der Prozessakten gefunden und vom Generalstaatsanwalt abgefordert wurden. Von Herrn Dr. Toeplitz wurden wir informiert, dass alle Akten beim Obersten Gericht vorlägen.

Doch diese Akten wurden wohl bloß auf den Tischen hin- und hergeschoben. Es gelang der DDR-Justiz nicht, innerhalb eines Jahres ihre Vergangenheit und Ihre Unrechtsurteile bis zur Wiedervereinigung aufzuarbeiten. Die laufenden Wechsel der Staatsanwälte, einschließlich des Generalstaatsanwaltes, mögen dazu ebenfalls beigetragen haben.

Mehr noch; Oberstaatsanwalt Dietz vom Landgericht Fulda bestätigte mir am 16. August 1990, dass auch er auf keine Kooperationsbereitschaft der DDR-Justizorgane getroffen ist. Er bearbeitete die ihm von der Erfassungsstelle Salzgitter übergebenen Akten des Prozesses. Außerdem erfuhr ich von ihm, dass Dr. Voigt von der Gerichtsmedizin Jena, welcher die Sektion des verstorbenen Sobik durchgeführt hatte, seit langer Zeit schwedischer Staatsbürger ist, was die Sache komplizierte

Enthüllungen durch Herrn Hildebrand aus Dresden

Im Januar 1990 schrieb die Schwester von Ernst Wilhelm, Frau Elli Böhning aus Niedergebra, an die Bestattungseinrichtung der Stadt Dresden und bat, Nachforschungen über den Verbleib der Urnen anzustellen. Sie wollte endlich erfahren, wo das Grab ihres Bruders zu finden sei.

Ihre Korrespondenz mit dem Krematoriumsdirektor, Herrn Dietmar Hildebrand, war für mich einer der sichersten Anhaltspunkte dafür, dass politische Häftlinge in den 50er Jahren nicht eines "natürlichen Todes" gestorben sind, entgegen den damals ausgestellten Todesdokumenten.

Ernst Wilhelm und Johann Muras waren nur zwei von 62 Gefangenen, die zwischen 1952 und 1960 exekutiert wurden. Frau Böhning erhielt vom Direktor der Einrichtung, Herrn Hildebrand, folgende Auskunft:

Bezug nehmend auf Ihren Brief vom 18.01.1990 im Sterbefall Ernst Wilhelm, möchte ich Ihnen mitteilen:
Ihr Bruder ist am 11.02.1957 auf dem Urnenhain bei uns in Dresden in einem großen Gemeinschaftsgrab beigesetzt worden. Eine Aushebung ist leider nicht möglich.

Zwei weitere Briefe erhielt Frau Böhning, welche die ganze Tragweite der Verbrechen verdeutlichen und nicht kommentiert werden müssen.

Erster Brief vom 25. Januar 1990:

Werte Frau Böhning!
Nun möchte ich Ihnen privat ein paar Zeilen schreiben. Unabhängig von Ihrem Brief habe ich Schritte unternommen, um gewisse Fälle wie den Ihrigen aufzuklären.
Mir persönlich sind 62 derartige Fälle bekannt, die in Dresden an der gleichen Stelle "verstorben" sind.
An besagter Stelle sind manchmal täglich bis zu vier Personen hingerichtet worden. Die Unterschriften von Staatsanwälten und Ärzten liegen mir vor. Mit Ihrem Bruder starb zur gleichen Stunde am 06.09.1952 ein
Johann Muras, Tutenstieg 148, Obergebra
von Beruf Stellmacher an "akutem Herzversagen".
Alle Unterlagen, die seit Jahren in meinem Tresor lagen, habe ich der Kirche übergeben. Es werden Kopien gemacht und anschließend der heutigen Justiz übergeben.
Schreiben Sie mir bitte, wenn Sie zum Sterbefall – Muras – etwas

wissen. Sollte Ihnen an einem persönlichen Gespräch etwas liegen, müßten Sie nach Dresden in das Krematorium kommen. Hier können Sie auch das Grab Ihres Bruders besichtigen.
Mit freundlichem Gruß   gez. D. Hildebrand

Der zweite Brief von Herrn Hildebrand ist datiert vom 7. Februar 1990:

Werte Frau Böhning!
Am 05.02. habe ich Ihren Brief bekommen. Vielen Dank dafür. Er war noch ausführlicher als der erste Brief.
Einen Irrtum Ihrerseits möchte ich erst einmal aufklären. Das amtliche Schreiben von der Bestattung sowie den privaten Brief hat Ihnen nicht eine Frau, sondern ein Herr Hildebrand geschrieben. Das amtliche Schreiben müssen Sie als gegeben hinnehmen, denn 1952 gab es Urnen aus Blech, und diese zersetzten sich im Laufe der Zeit, so daß nach 38 Jahren nichts mehr zu finden ist. Dazu kommt noch, daß laut Bestattungsgesetz keine Urnen aus einem Gemeinschaftsgrab ausgehoben werden dürfen.
Wenn Sie im Sterbefall Ihres Bruders und Johann Muras etwas erreichen wollen, müssen Sie wahrscheinlich an das Gericht gehen, welches die Todesurteile ausgesprochen hat, um den Richter bzw. den Staatsanwalt der damaligen Zeit zu verklagen oder Schadenersatz zu fordern.
Heute habe ich den Arzt zu mir bestellt, der zur damaligen Zeit am Ort der Hinrichtung war und den Totenschein von Ihrem Bruder und Johann Muras ausgestellt hat. Nach einstündiger Unterredung ging er als gebrochener Mann aus meinem Büro.
Alle sind durch das Fallbeil hingerichtet worden.
Es gibt also von meiner Seite aus noch viel Arbeit, um den gesamten Komplex ins Rollen zu bringen.
In der Hoffnung, von Ihrer Seite wieder einmal etwas zu hören, möchte ich den Brief schließen.
Mit freundlichem Gruß   D. Hildebrand

"Wir bestätigen die Seriosität der Unterlagen, die uns der Krematoriumsdirektor jetzt übergeben hat. Es sind alles Originale", äußerte der Dresdener Staatsanwalt Jürgen Saupe gegenüber der "Welt" und fügte hinzu, dass der Bezirksstaatsanwalt alle weiteren Ermittlungen übernehme und die Generalstaatsanwaltschaft der DDR einbezogen werde. Für ihn sei die Aufarbeitung dieses Teiles der DDR-Geschichte eine der dringendsten

Aufgaben der neuen, freien Justiz im Lande. Er versprach: *"Wir Juristen werden dabei alles nur Menschenmögliche tun."*.

Da auf den Bestattungsscheinen lediglich natürliche Todesursachen, wie etwa Herzversagen, angegeben wurden, ließen sie keine direkten Schlüsse auf die Hinrichtungen zu. Über Gerichtsarchive und andere Quellen mussten deshalb Ermittlungen erfolgen, um Licht in dieses dunkle Kapitel der DDR-Justiz bringen zu können.

Dietmar Hildebrand versichere ich meinen Respekt, denn er brachte Licht in ein Stück dunkle DDR-Vergangenheit. Sein Vorgänger, Johannes Franke, übergab ihm eine Geheime Verschluss-Sache, die 62 Bestattungsscheine enthielt. Herr Franke antwortete auf die Frage, woher er wüsste, dass die Opfer unter dem Fallbeil starben: "Na, weil der Kopf zwischen den Beinen lag." Er bestätigte, dass man es damals ziemlich eilig gehabt hatte und die Einäscherung bereits zwei Stunden nach der Hinrichtung erfolgte.

Auch ein ehemaliger Wachmann der Untersuchungshaftanstalt Dresden bestätigte gegenüber der "Sächsischen Zeitung", dass es Hinrichtungen mit dem Französischen Fallbeil gab:

"Die Verurteilten kamen am Vorabend der Hinrichtung in eine gesonderte Zelle, die keine Tür hatte. Wir drei, vier Mann, bewachten sie. Etwa früh um 4.00 Uhr wurden sie einen Gang entlang geführt zum zwei- bis dreiköpfigen Scharfrichterkommando in Zivil. Dort wartete auch der Leiter der UHA, Herr Jonak, aus Dresden-Gittersee. Anwesend war ebenfalls ein VP-Bezirksarzt Schrobek. Wir waren nicht mit dabei, nur unser Leiter sagte uns, daß es mit dem französischen Fallbeil geschah. Die Särge mit den Geköpften gingen dann ins Krematorium nach Tolkewitz. Einmal musste ich mit und aufpassen, dass der Sarg ordnungsgemäß verbrannt wurde"

Der ehemalige VP-Arzt Dr. Hiesek bestätigte unter Zeugen, dass er alle 62 Bestattungsscheine gefälscht hätte und fingierte Todesursachen, wie Herz-Kreislaufversagen oder ähnliches, eingetragen hatte.

Der Ort in der George-Bähr-Straße in Dresden hat eine unrühmliche Vergangenheit. Im Dresdner Volksgerichtshof starben während der Nazizeit mehr als 2.000 Menschen unter der Guillotine. 1952 bis 1957 richteten die Kommunisten an gleicher Stelle mit gleichen Methoden. Die Vermutung liegt nahe, dass es sogar mit der gleichen Todesmaschine geschah.

Die Spitze allen Unrechts ist, dass 1958 auf diesem Richtplatz eine Mahn- und Gedächtnisstätte der Opfer des Faschismus und ein Mahnmal auf dem Innenhof entstanden. Hier traf sich die FDJ zu besonderen Anlässen oder die Jugendweiheteilnehmer. Bei gedämpfter Musik des Trauermarsches "Unsterbliche Opfer" gedachte man der Opfer des Faschismus, ohne zu beachten, dass hier auch die Kommunisten mordeten. Werner Weber als Leiter der Gedenkstätte antwortete, befragt nach der Vergangenheit dieser Gedenkstätte: *"Ja, es sind die gleichen Methoden, wie sie die Faschisten angewandt haben, wenn sich das bestätigt, womit sich gegenwärtig die Staatsanwaltschaft beschäftigt."*

Im Ergebnis des Briefwechsels mit Herrn Hildebrand wurden Frau Böhning – die Schwester von Ernst Wilhelm – und ich zu einem Besuch nach Dresden eingeladen. Hier konnten wir das anonyme Massengrab auf der Fläche 6 des Friedhofes Dresden-Tolkewitz filmen, wo wir im Gedenken an die hier Beigesetzten auch ein Gebinde niederlegten. In diesem Massengrab wurden 1957 mehr als 60 Urnen, darunter auch die Urnen von Ernst Wilhelm und Johann Muras, vergraben. Fünf Jahre waren die Urnen in Bautzen zwischengelagert.

Beeindruckt von dem vielen Unrecht, welches hier geschehen ist, haben wir uns in Abstimmung mit Herrn Hildebrand vorgenommen, die Anonymität des Massengrabes aufzuheben. Zeitungen wie die "Morgenpost" Dresden sowie die Stadtverwaltung Dresden gaben uns hierbei Unterstützung.

Verzögerung im Kassationsantrag 1990

Da ich bis zum 4. April 1990 keine Nachricht auf meinen Kassationsantrag bekam, schrieb ich an den Generalstaatsanwalt. Ich bat ihn um eine baldige Entscheidung im Interesse der Angehörigen, der Demo-Teilnehmer und der Bürger, welche in den nach Alfred Sobik benannten Straßen und Siedlungen wohnten. Gleichzeitig teilte ich mit, dass fünf noch lebende Zeugen bestätigen können, dass zwischen dem Tod von Alfred Sobik und der stattgefundenen Schlägerei kein unmittelbarer Zusammenhang besteht. Doch eine Antwort blieb aus.

Es blieb 1990 ja nicht geheim, dass mehr als 100 Richter aus politischen Gründen abgelöst wurden. Ein Sprecher des Justizministeriums teilte mir mit, dass die Direktoren aller 15 Bezirksgerichte sowie die Vorsitzenden und Richter aller mit politischen Strafsachen beschäftigten Kammern um ihre Entpflichtung gebeten hätten. Das erklärte die Ohnmacht der Justiz-organe in Anbetracht der vielen Ungerechtigkeiten und der zu bewälti-genden Probleme.

Da wir der Meinung waren, trotz allem eine Antwort auf den Antrag erhalten zu müssen, kündigten die Demo-Teilnehmer am 17. April 1990 einen Sitz- und Hungerstreik für den 23. April vor dem Kreisgericht in Nordhausen an. Dieser Entschluss wirkte natürlich in der Öffentlichkeit. Die Telefone und Fernschreiber zwischen Nordhausen, Erfurt und Berlin waren jetzt aktiv.

Als Mittler im Interesse der Demo-Teilnehmer setzten sich Kreisstaats-anwalt Enzian und CDU-Kreisgeschäftsstellenleiter Primas ein. Am 20. April 1990 erhielten wir vom Generalstaatsanwalt ein Fernschreiben mit folgendem Wortlaut:

"nach auffassung des generalstaatsanwaltes erfolgte die verurtei-lung von ernst wilhelm und johann muras zum tode zu unrecht. masznahmen zur rehabilitierung wurden eingeleitet. ein beauftrag-ter des generalstaatsanwaltes wird darüber mündlich informieren. der termin wird über den kreisstaatsanwalt vereinbart.

hochachtungsvoll   h. bauer stellvertreter"

Im ernsthaften Bemühen, die Vergangenheit der CDU zu bewältigen, Un-recht aufzuzeigen und sich für eine Urteilsaufhebung einzusetzen, schil-derte Herr Dr. Manfred Schröter, Vorsitzender des CDU-Kreisverbandes Nordhausen, den Fall Sobik anhand von Unterlagen. Dieser Artikel er-schien am 27. März 1990 auf einer Sonderseite des Bad Lauterberger Tageblattes. Damit gab er Anstoß zu einer umfassenden öffentlichen Auseinandersetzung mit diesem Thema. Herr Schröter betonte, dass der ganze Fall seinzeit von einer einzigartigen politischen Vorverurteilung geprägt war, welche der Verantwortlichung zwangsläufig zu einer Verurteilung führen mussten, unabhängig von Schuld oder Unschuld, wenn sie das Gesicht nicht verlieren wollten. Dr. Schröter nahm auch an mehreren Montagsdemonstrationen teil und gab Informationen aus Sicht des CDU-Kreisverbandes weiter. Die Angehörigen sowie die Demo-Teilnehmer empfanden Dankbarkeit für seine Unterstützung, seinen Einsatz bei diesem Stück der Vergangenheitsbewältigung.

Ein weiterer Artikel erschien am 10. April 1990 als Sonderseite von Herrn Eduard Seifert aus Großlohra, welcher den Sobik-Prozess in den Gesamtzusammenhang der deutschen und europäischen Geschichte stellte. Von großem Interesse für mich waren seine Beobachtungen von einem Schauprozess im Sommer 1954 in Frankfurt/Oder. Auch er war dort auf bekannte Personen, wie Mückenberger und Piehl, getroffen, an deren Händen bereits Blut klebte.

Frau Elli Böhning, die Schwester von Ernst Wilhelm, veröffentlichte viele Zusammenhänge in ihrem Artikel im Bad Lauterberger Tageblatt am 17. Mai 1990 *"Unschuldige Menschen mussten ihre Köpfe unters Fallbeil legen"*. Seit Weihnachten 1989 arbeitete ich mit ihr gemeinsam für die Rehabilitierung. Von ihr hatte ich auch die Dokumente und Urkunden bekommen, die uns im weiteren Vorwärtskommen geholfen haben. Ich habe bisher keine Frau kennen gelernt, die sich mit so viel Hingabe für etwas eingesetzt hat. War ihr Verhalten doch überaus verständlich, da es um die Rehabilitierung ihres Bruders ging und dies auch der letzte Wunsch ihrer Mutter war.

So hat der "Fall Sobik" bei allen die Gefühle aufgewühlt. Vor allem nach Bekanntwerden des Abschiedsbriefes von Ernst Wilhelm:

> *Liebe Eltern und Geschwister!*
> *Leider ist es uns nicht vergönnt, daß wir uns nochmal sehen konnten. Ihr ward immer so sorgenvoll um Euren Sohn und Bruder. Daß ich so von Euch scheiden muß, hätte ich nie geglaubt. Ich danke Euch in meinen letzten Stunden für alles Liebe und Gute, was Ihr an mir getan habt.*
> *Laßt Gott die Sonne noch lange für Euch scheinen, behaltet mich in Erinnerung als das, was ich für Euch war.*
> *Behüt Euch Gott.*
> *Euer Sohn und Bruder*
>
> *Ernst*

Der damaliger Dresdner Gerichtspfarrer hatte die Zeilen hinzugefügt:

> *Ihr Sohn war nicht allein. Ich konnte in den letzten Stunden bei Ihrem Sohn sein. Er ist in Gottes Gnade aus dieser Welt geschieden mit der Bitte, Sie möchten seinen Tod durch Gottes Kraft tragen lernen. Seien Sie ihm befohlen.*
> *Pfarrer Ungethüm.*

Der gleiche Pfarrer – heute 77 Jahre – erinnert sich: *"Damals ging es Schlag auf Schlag, manchmal alle fünf Minuten eine Hinrichtung."*

Im April/Mai 1990 wurden die Fälle stalinistischer Unkultur und Barbarei in der Presse beider deutscher Staaten hochgekocht. Nun berichtete auch die überregionale Presse über die Geschehnisse in der Untersuchungshaftanstalt zwischen 1952 bis 1960. "Bild" veröffentlichte "Die Todesliste des SED-Henkers" und nannte alle Namen der Geköpften.

38 Jahre nach den Todesurteilen und Hinrichtungen

Am 17. Mai 1990 fand in der Kirche in Obergebra ein Gedenkgottesdienst zu Ehren von Johann Muras und Ernst Wilhelm anlässlich des 38. Jahrestages der Verkündung des Schandurteils in Nordhausen statt. Dieser Gedenkgottesdienst stand unter der Thematik:

> *"Nie wieder Gewalt, denn die Gewalt ist der Beginn allen Übels."*

Pfarrer Gottfried Höfert betonte:

> *"Auf dem Wege durch 40 Jahre gibt es viele Opfer, und wir sollen uns die Trauer nicht zu leicht machen."*

Der Kreisstaatsanwalt Enzian vom Kreisgericht sagte:

> *"Recht darf sich nie wieder mit einem zum Gesetz erhobenen Willen einer Klasse und einer Partei identifizieren. Die Strafrechtspflege braucht jetzt neue Strukturen."*

Die ARD-Sendereihe "Kontraste" nahm mit Susan Ubalke und Gerhard Thomas an dieser Gedenkfeier und Kranzniederlegung teil. Ausschnitte hierüber brachte ARD am 29. Mai 1990.

Anlässlich des 38. Jahrestages der Hinrichtung der unschuldig zum Tode Verurteilten wurde auf dem Friedhof in Obergebra im September 1990 ein Gedenkstein für Johann Muras und Ernst Wilhelm gesetzt. Während einer Gedenkstunde anlässlich der Enthüllung des Gedenksteins betonte Pfarrer Höfert: *"Wir stehen hier in der Hoffnung, zu einer Gesellschaftsordnung gelangt zu sein, in der kein Anlass mehr geschaffen werden kann, der die Errichtung solcher Steine erforderlich macht."*

An diesem 38. Jahrestag der Ermordung der beiden Opfer des Stalinismus hatten sich Angehörigen, Freunde, Vertreter des Landrates sowie der Vorsitzende und der Geschäftsstellenleiter des Kreisverbandes der CDU zum Friedhof begeben, um an dem Gedenkstein Gestecke und Blumen niederzulegen. Dr. Manfred Schröter erinnerte in seinen Worten des Gedenkens daran, dass die Gedanken eines Christen nicht auf Rache gerichtet sein dürfen, sondern auf Gerechtigkeit ausgerichtet sein müssen.

Im Namen der örtlichen CDU und aller demokratischen Kräfte, die während der vergangenen Monate mit Demonstrationen und in anderer Weise die Rehabilitierung der beiden Opfer angestrebt haben, bat Bürgermeisterin Stange die Angehörigen um Vergebung dafür, dass die CDU-Führung von 1952 die beiden CDU-Mitglieder Ernst Wilhelm und Johann Muras im Stich gelassen haben. Sie verwies darauf, dass der in der Nähe stehende wuchtige Gedenkstein für Alfred Sobik nicht entfernt werden konnte, weil die Kassation des Urteils bis jetzt noch nicht erfolgt ist.

Während in Obergebra der Gedenkstein enthüllt wurde, beschloss die Volkskammer in Berlin ein Rehabilitierungsgesetz. Die Angehörigen und alle Demo-Teilnehmer hofften, dass die Rehabilitierung der Opfer nicht in einer Form zurückbleibt, die einige prominente Opfer – welche Freiheitsstrafen erhielten und ein anderes Parteiabzeichen trugen – bereits durch das höchste Gericht der DDR erfahren haben.

Am 1. Oktober 1990 schrieb uns der Generalstaatsanwalt:

> *"Bezug nehmend auf Ihr Schreiben vom 31.07.1990 in der Strafsache gegen Ernst Wilhelm und Johann Muras teile ich Ihnen mit, daß durch den Generalstaatsanwalt der DDR die Kassation des Urteils der Großen Strafkammer des Landgerichtes Mühlhausen/ Thür. vom 17.05.1952 beim Obersten Gericht der DDR beantragt wurde.*
>
> *Köhler Staatsanwalt"*

Auch am Volkstrauertag 1990, am 18. November, gedachten die Obergebraer Bürger ihrer Opfer. Gerade jetzt an der Schwelle eines neuen Abschnittes deutscher und europäischer Geschichte erinnerte man der Opfer von Krieg und Gewaltherrschaft. Aus diesem Anlass traf man sich am Vortag um 15 Uhr im Gemeindeamt in Obergebra. Hier wurde ein Videofilm von der Hinrichtungsstätte und dem Massengrab von Johann Muras und Ernst Wilhelm gezeigt. Der Direktor des Krematoriums Dresden-Tolkewitz, Dietmar Hildebrand, kommentierte die Aufnahmen. Später begab man sich zum Gedenkstein der beiden unschuldig Hingerichteten. Der Kranz, der hier niedergelegt wurde, trug die Inschrift

"Den Opfern der stalinistischen Gewaltherrschaft".

Am 22. November 1990 informierte uns die Staatsanwaltschaft Erfurt darüber, dass der vom damaligen DDR-Generalstaatsanwalt an das zwischenzeitlich aufgelöste Oberste Gericht gestellte Kassationsantrag gegen die Urteile vom 17. Mai 1952 und vom 4. Juni 1952 seit dem 7.

November 1990 dem Präsidenten des Bezirksgerichtes Erfurt zur Entscheidung vorliegt.

Da die Angehörigen beider unschuldig zum Tode Verurteilten schon hoch betagt waren und die Gerechtigkeit der Rehabilitierung noch erleben wollten, bat ich am 19. Dezember 1990 den Präsidenten des Bezirksgerichtes Erfurt um eine beschleunigte Durchführung des Verfahrens.

Ich erhielt am 16. Januar 1991 vom Bezirksgericht Erfurt die Antwort:

Sehr geehrter Herr Hoffmann
Ich danke Ihnen für Ihr Schreiben in der Kassationssache Johann Muras und Ernst Wilhelm.
Die Angelegenheit liegt dem 5. Strafsenat des Bezirksgerichtes vor – neben einer Vielzahl anderer Verfahren.
Ich bitte Sie, die Angehörigen zu versichern, daß die Eilbedürftigkeit der Sache durchaus erkannt worden ist, und daß das Gericht sich bemühen wird, ihr im Rahmen seiner Möglichkeiten Rechnung zu tragen.
Mit freundlichen Grüßen
Bauer
BG 5. Strafsenat Vors. und Präsident

Wir hofften nun alle, dass wir nach 16-monatiger Wartezeit diese für uns zum Problem gewordene Akte bald schließen können.

Der Henker von Dresden

Großes Aufsehen erregte der Artikel: "So lebte und so starb der Henker von Dresden" in der "SUPER ILLU" vom 10. Januar 1991 vom Redakteur Herrn Helmut Dams. Bereits im Mai 1990, als wir uns das erste Mal sprachen und Herr Dams noch für die "BUNTE" arbeitete, zeigte er sich von den Schandtaten ergriffen und vom Vorsatz bestärkt, Licht in das Dunkel der Vergangenheit der Ulbricht-Ära zu bringen.

Er hatte inzwischen den Henker von Dresden gefunden. Einen aus dem Trio, denn drei Henker leistete sich Walter Ulbricht. Sein Name ist Walter Böttcher. Von der Erscheinung her ein Prolet, nicht gerade intelligent aussehend. Über die inneren Werte kann man sich anhand seines Lebenslaufs ein Bild machen:

1934 hatte sich der damals 25jährige Schmied für zwölf Jahre Dienst bei der Wehrmacht verpflichtet. Er wurde 1942 durch eine Gewehrkugel verwundet, sein Arm wurde zerschmettert. Er kam ins Lazarett nach Dresden und musste als Invalide im Dresdener Gefängnis arbeiten. Hier lernte er das Fallbeil kennen. Er wurde mit der Pflege des Messers der Guillotine betraut. Im April 1945 wurde er von sowjetischen Soldaten im Untersuchungsgefängnis Dresden interniert. Kein russischer Offizier oder Soldat wusste mit der Guillotine, die noch von der Nazizeit im Innenhof des Volksgerichtshofes stand, umzugehen.

Walter Böttcher kannte sich aus. Er wurde Henker. Er köpfte im Auftrag der Roten Armee. 1949 übernahm ihn die Justiz des Arbeiter- und Bauernstaates. 1952 zog Böttcher nach Berlin. In einer Hinterhofswohnung in Wedding pflegte er seine kranke Frau. Am Wochenende fuhr er nach Dresden zu seiner "Arbeit". Sein Lohn bestand aus 100 Mark pro Todeskandidat. Dieses "Geschäft" dauerte bis 1960. Ab dann gab es keine Hinrichtungen in Dresden mehr. 1988 starb der Henker Walter Böttcher als rüstiger Mann im Alter von 79 Jahren. Was seine früheren Kollegen, Nachbarn und vermutlich nicht einmal seine Familie wussten: Er war der Henker von Dresden.

Als Henkersmahlzeit gab es vier mit Jagdwurst belegte Brote und zwei hart gekochte Eier. Am Hinrichtungstag morgens zwischen 4 und 5 Uhr wurden die Todeskandidaten von zwei Häschern durch einen 15 Meter langen, schwach beleuchteten muffigen Gang geführt. Durch ein Fenster fiel der Blick auf die grausame Enthauptungsmaschine in dem etwa 40 Quadratmeter großen Innenhof. Neben der Guillotine standen zwei Justizangestellte mit einem Sarg, ein Polizeiarzt, Pfarrer Ungethüm und der Henker mit dem braunen Hut. Schweigend wurde der Kopf des Delinquenten in die Aussparung gelegt, seine Hände mit Lederlaschen festgebunden. Der Henker Böttcher verzichtete stets auf die Floskel: *"Verzeihung, ich tue nur meine Pflicht."* Dann löste er das Fallbeil, das den Kopf vom Rumpf zwischen dem vierten und fünften Halswirbel trennte. Dann rollte der Kopf in den geflochtenen Korb.

Auf die Totenscheine schrieben die Gerichtsärzte der Volkspolizei als Todesursache "Herzversagen", "Lungenembolie" oder ähnliches. Die Gräueltat einer Hinrichtung, falls sie bekannt wurde, passte nicht zu der angeblich freien sozialistischen Gesellschaftsordnung.

Kassation des Urteiles vom 17.05.1952 und Freispruch der beiden zum Tode Verurteilten

Urteile im Namen des Volkes sollten und mussten im Namen des Volkes rehabilitiert werden. Doch die Justiz in der "noch-DDR" war unfähig dazu und der Prozess der Richterprüfung lief sehr schleppend. Wen sollte es dann wundern, wenn Ende Januar 1991 etwa 6.000 Anträge auf Rehabilitierung bei den Thüringer Gerichten von Verurteilten der DDR-Justiz vorlagen. Und noch weitere Anträge in erheblichem Umfang würden erwartet, wie der mit Wiedergründung des Landes Thüringen neu gewählte Thüringer Justizminister Hans-Joachim Jentsch, als am Erfurter Bezirksgericht ein Rehabilitierungs-Senat eingerichtet wurde. *"Der ungeheure Arbeitsanfall stellt uns vor große Probleme"*, sagte der Minister. *"Jeder Antragsteller soll merken, dass sein Fall ernst genommen wird."*

Die DDR-Justiz hatte sich davon leiten lassen: "Alles ist Recht, was der Gesellschaft nützt." Die Schaffung von abschreckenden Beispielen vor allem 1952 bis 1970 gegenüber Andersdenkenden war Bestandteil der Partei- und Innenpolitik. In dieser Zeit wurden Gesetze geschaffen, die den Menschen nur gestatteten, in einer Richtung zu denken und zu handeln. Hier sollen stellvertretend nur das Gesetz mit Strafparagraphen über staatsfeindliche Hetze, Staatsverleumdung oder Zusammenrottung genannt werden. Damit wurden Tausende hinter Gitter gebracht und schuf die Gesinnungsjustiz fundiert.

Am 27. Mai 1991 wurden wir durch die Staatsanwaltschaft Erfurt informiert, dass es aus Gründen einer höchstmöglichen Objektivität sachdienlich ist, das Kassationsverfahren nicht von der gleichen Dienstbehörde zu bearbeiten. Deshalb war das Verfahren an das Bezirksgericht in Gera übergeben worden. Gleichzeitig nahm der Generalstaatsanwalt Hutt aus Erfurt nochmals beim Präsidenten des Bezirksgerichtes Einfluss, um auf eine beschleunigte Durchführung hinzuwirken.

Am 12. Mai 1991 erhielten wir die Nachricht und Ladung zur am 6 Juni um 9.00 Uhr im Bezirksgericht Gera stattfindenden Kassationsverhandlung.

Der Verhandlung beim Bezirksgericht Gera stand ein Senat von drei Personen vor, deren Vorsitzender Herr Schilder war. Nach Eröffnung der Verhandlung verlas der Vorsitzende das Urteil vom 17. Mai 1952, wonach Ernst Wilhelm und Johann Muras zum Tode verurteilt wurden.

Danach ging der Staatsanwalt Ständer auf die Widersprüche im Urteil ein. Er arbeitete heraus, dass die beiden Angeklagten weder nach der damals geltenden Verfassung Artikel 6 noch nach der Kontrollratsdirektive 38 verurteilt werden durften, da in keiner Weise ein erfüllter Tatbestand diesbezüglich nachzuweisen war.

Er traf die Feststellung, dass die Verurteilung zu Unrecht geschah und ausnahmslos politischen Charakter trug. Er betonte, dass diese Verurteilung seinesgleichen suche, aber in den 50er Jahren mehrfach aufzufinden war. Sein Plädoyer endete mit dem Antrag auf Freispruch.

Der Rechtsanwalt der Familie Muras, Herr Metz aus Heiligenstadt, schloss sich den Worten des Staatsanwaltes an und erweiterte die Forderung auf eine Entschädigung.

Am Nachmittag verkündete der Vorsitzende das Urteil: Beide Angeklagten, die zum Tode verurteilt worden waren, werden freigesprochen. Es ist eine Entschädigung zu Lasten der Staatskasse zu zahlen. Somit waren beide rehabilitiert und ihre Ehre wieder hergestellt.

Abschließend bedankten sich die Angehörigen beim Senat für die Einsicht der Dringlichkeit in der Durchführung des Verfahrens.

Entzug der Plakette des Denkmalschutzes vom Sobik-Denkmal – Eine Lüge stürzte vom Sockel

Im Zuge der Aufarbeitung der Vergangenheit beschäftigte sich auch der Kreistag mehrfach mit dem "Fall Sobik".

Verschiedene Kommissionen wurden tätig. Nach Umstrukturierung der Verwaltung und nach der Kassation des Urteils sorgte die Untere Denkmalschutzbehörde beim Landratsamt Nordhausen für den Entzug der Plakette des Denkmalschutzes. Da die Grabstätten laut Friedhofsverordnung nach 35 Jahren neu erworben werden müssen, schrieb unsere Bürgermeisterin Frau Stange die Angehörigen von Alfred Sobik an und bat um ihre Stellungnahme. Sie teilten mit, dass sie kein Interesse am Erhalt der Grabstätte hätten.

Vorher war bereits mit dem CDU-Kreisverband und dem Bürgermeister von Nordhausen abgestimmt worden, dass das Denkmal, welches unberechtigterweise als Sobik-Denkmal diente, wieder nach Nordhausen zurückgeführt werde.

Hier sollte es als Denkmal für die in zwei Weltkriegen Gefallenen, die Opfer des Naziregimes sowie die Opfer des Stalinismus dienen und am Volkstrauertag 1991 eingeweiht werden.

Damit wurde die politische Lüge, die zwei unschuldigen Menschen das Leben kostete, am Dienstag, dem 3. September 1991 vom Sockel gehoben und mittels Kran verladen.

Findung der Urnen von Ernst Wilhelm und Johann Muras und feierliche Beisetzung in heimatlicher Erde

Am 8. August 1991 wurden wir durch Herrn Hildebrand informiert, dass bei Probegrabungen neue Massengräber mit 610 Urnen gefunden wurden. Darunter konnten die Urnen von Ernst Wilhelm und Johann Muras mit den Einäscherungsregistriernummern 129118 und 129119 einwandfrei identifiziert werden.Die Urnen waren nicht, wie angenommen, aus Blech, sondern aus Plaste. Dadurch waren sie sehr gut erhalten.

Die Probegrabungen wurden auf einer anderen Fläche, als ursprünglich angenommen, vom Dresdener Oberstaatsanwalt Schwalm angeordnet. Im Feld C auf den Grabstätten I bis IV wurden die Urnen aus ein- und doppelstöckigen Lagen geborgen. Die Urnen der 62 Hingerichteten konnten ermittelt werden. Nach mehr als 30 Jahren können jetzt die Angehörigen der Stasi-Opfer ihnen die letzte Ehre erweisen.

Auf den Tag genau nach 39 Jahren ihrer Ermordung wurden die Urnen mit der Asche von Johann Muras und Ernst Wilhelm aus einem Massengrab in Dresden feierlich in heimatlicher Erde beigesetzt.

Zu den Trauergästen am 6. September 1991 auf dem Friedhof in Obergebra gehörten neben den Ehefrauen, Familienangehörigen, Freunden und Bekannten auch Landrat Joachim Claus sowie der CDU-Kreissekretär Dr. Uwe Landsiedel und der Thüringer Landtagsabgeordnete Egon Primas.

Mit dem Kirchenlied "Sonne der Gerechtigkeit gehe auf in unsrer Zeit" leitete der Posaunenchor Bleicherode die Urnenbeisetzung ein.

Zu Beginn des Trauergottesdienstes erläuterte Bürgermeisterin Gisela Stange, wie es mit Hilfe des Krematoriumsleiters gelungen war, die Urnen zu identifizieren und nach Obergebra zu überführen. Sie empfand Genugtuung darüber, dass die Bemühungen um die Aufklärung der

Geschehnisse am 30. April 1952 nicht erfolglos waren. Dank sagte sie all denen, die im Oktober 1989 in der Demo die Lichter dafür angezündet haben, damit die Wahrheit ans Licht komme. Mit der Beisetzung der Urnen in ihrem Heimatort könne man vielleicht endlich einen Schlussstrich unter das Kapitel ziehen, das alle so sehr belastet habe.

Pfarrer Gottfried Hoefert sagte in seiner Andacht, dass mit diesem Trauergottesdienst nun die Trauerarbeit der letzten zwei Jahre abgeschlossen werden könne. Die vielen Gottesdienste und das stille Gedenken an die unschuldigen Opfer hätten dazu geführt, dass Johann Muras und Ernst Wilhelm, der 13 Tage vor seinem 30.Geburtstag sterben musste, nun endlich auf dem Heimatfriedhof bestattet werden konnten. Dies geschehe spät, aber nicht zu spät. Dass die Männer unschuldig am Tode Alfred Sobiks waren, sei vom Bezirksgericht Gera am 6. Juni festgestellt worden, als die beiden postum freigesprochen wurden. Genugtuung empfinde er darüber, so Pfarrer Hoefert, dass die friedliche Revolution 1989 auch eines ermöglicht habe: Die von Krieg und Gewalt betroffenen Familien seien nun nicht mehr gezwungen, ihr Leid in der Öffentlichkeit zu verschweigen. Angesichts der vielen Opfer vor und nach 1945 sei es wichtig, dass nicht Leid gegenseitig aufgerechnet werde, sondern die Menschen Brücken zueinander schlagen, im Großen wie im Kleinen. Er betonte, dass es wünschenswert sei, wenn sich die Hände der Angehörigen von Alfred Sobik finden könnten, der seinerseits nichts dazu konnte, Schachfigur in einem grausamen politischen Geschehen zu werden, und man eine solche Brücke bauen könne, um den Weg zur Versöhnung frei zu machen.

Schließen möchte ich meine Ausführungen mit den Worten des Pfarrer Hoefert aus Sollstedt:

"Mögen wir jetzt bei einer Gesellschaftsordnung angelangt sein, wo Rechtsstaatlichkeit herrscht und wo sich ähnliche Todesurteile nicht wiederholen."

340

1 Ks 13/52

Das Urteil ist seit dem
4. Juni 1952 rechtskräftig.
Der Landesstaatsanwalt
i.A.
[Unterschrift]
Staatsanwalt

I m   N a m e n   d e s   V o l k e s !

In der Strafsache

gegen 1.) den Schlosser Ernst W i l h e l m , geb. am 19. Sept.
1928 in Mühren, wohnhaft in Obergebra, Halle-Kasseler-
Straße 152, verh.,

2.) den Stellmacher Johann N u r n s , geb. am 3. 1. 1908 in
Kuschten, Kreis Samend, wohnhaft in Obergebra, Unten-
straße 147, verh.,

wegen Verbrechens nach Art. 6 der Verfassung der Deutschen Demokratischen Republik und KD 38 Abschn. II Art. III A III

Dokumenten teil

für R e c h t erkannt:

Die Angeklagten Ernst Wilhelm und Johann Nurns werden wegen Verbrechens nach Art. 6 der Verfassung der Deutschen Demokratischen
Republik und der KD 38 Abschn. II Art. III A III zum Tode verurteilt.

Die Kosten des Verfahrens haben die Angeklagten zu tragen.

G r ü n d e :

Das Deutsche Volk steht in einem schweren Kampf um die Einheit
Deutschlands und einen gerechten Friedensvertrag. Die Anglo-amerikaner setzen alles in Bewegung, um dies zu verhindern. Ihr Ziel
ist ein neuer Krieg gegen die Sowjetunion, die Volksdemokratien

Das Urteil vom 17. Mai 1952 in Nordhausen

Das Urteil ist seit dem 4. Juni 1952 rechtskräftig.

Der Landesstaatsanwalt   I KLs 15/52   i.A. Staatsanwalt

Im Namen des Volkes !

In der Strafsache

gegen   1.) den Schlosser Ernst W i l h e l m, geb. am 19. Sept. 1922 in Dühren, wohnhaft in Obergebra, Halle-Kasseler-Strasse, verh.,

2.) den Stellmacher Johann M u r a s, geb. am 3. 1. 1908 in Kaschwitz, Kreis Kamenz wohnhaft in Obergebra, Tutenstieg 147, verh.,

wegen Verbrechens nach Art. 6 der Verfassung der Deutschen Demokratischen Republik und KD 38 Absch. II Art. III A III

hat die Grosse Strafkammer I des Landgerichts in Mühlhausen/Thür. in der ausserordentlichen Sitzung vom 17. Mai 1952 in Nordhausen, an welcher teilgenommen haben:

Land- und Amtsrichter Bieret als Vorsitzender

Land- und Amtsrichter Löffler als beisitzender Richter

Angestellter Fritz Schröder
Angestellter August Schröter
Angestellter Karl Grau   als Schöffen

Landesstaatsanwalt Piehl als Vertreter der
Landesstaatsanwaltschaft

Hilfssachbearbeiterin Meiser als Schriftführerin

für R e c h t erkannt.

Die Angeklagten Ernst Wilhelm und Johann Muras werden wegen Verbrechens nach Art. 6 der Verfassung der Deutschen Demokratischen Republik und der KD 38 Abschn. II Art. III A III zum Tode verurteilt.

Die Kosten des Verfahrens haben die Angeklagten zu tragen.

Gründe

Das deutsche Volk steht in einem schweren Kampf um die Einheit Deutschlands und einen gerechten Friedensvertrag. Die Angloamerikaner setzen alles in Bewegung, um dies zu verhindern. Ihr Ziel ist ein neuer Krieg gegen die Sowjetunion, die Volksdemokratien und die Deutsche Demokratische Republik. Westdeutschland ist als Aufmarschgebiet für diesen neuen Wertkrieg gedacht. Die Einheit des deutschen Volkes und ein Friedensvertrag mit Deutschland würden diesen Plänen ein Ende setzen. In Westdeutschland haben die Kriegstreiber Helfers-Helfer gefunden. Adenauer, Lehr und andere eingefleischte Feinde des deutschen Volkes betreiben beschleunigt die Wiederaufrüstung und wollen mit Hilfe des Generalvertrages deutsche Menschen den Amerikanern zur Verfügung stellen, damit sie als Kanonenfutter ihre Verwendung finden sollen. Das gesamte deutsche Volk wehrt sich mit Recht dagegen. Um trotzdem ihr Ziel zu erreichen, wird von den Amerikanern alles versucht, diesen Widerstand zu brechen. In Westdeutschland werden demokratische Organisationen verboten oder in ihrer Bewegungsfreiheit gehemmt. Das geschieht einmal durch sogenannte „gesetzliche" Bestimmungen wie das Verbot der Volksbefragung gegen die Remilitarisierung, das im krassen Gegensatz zum Bonner Grundgesetz steht, und, wenn dieses nicht ausreichen durch brutale Gewaltanwendung wie am Blutsonntag in Essen. Daneben sind eine große Zahl von Organisationen aufgezogen worden, die den Zweck haben, in der Deutschen Demokratischen Republik durch Provokationen und Sabotageakte Unruhe zu stiften. Die westdeutschen Sender – an der Spitze der Rias – unterstützten mit ununterbrochener Hetze weitgehendst diese Organisationen. Darüber hinaus soll die Rundfunkhetze die Menschen in der Deutschen Demokratischen Republik beeinflussen, von ihrem Kampf um Frieden und Wohlstand abzulassen, wozu ihre Sendungen klare Anweisungen enthalten, wie der Kampf gegen die Deutsche Demokratische Republik geführt werden müsse.

Auch die diesem Strafverfahren zugrunde liegende Tat ist ein Beweis für diese mordhetzerische Zielsetzung der Sendungen der mit anglo-amerikanischem Kapital finanzierten Sender.

Beide Angeklagte sind Arbeiter.

Wilhelm war aufgrund seiner Angehörigkeit von 1937 – 1941 zur faschistischen Jugend und durch das Rias-Hören ein fanatischer Gegner der Deutschen Demokratischen Republik. Demzufolge haßte er auch die SED, und die einzelnen Mitglieder sah er als seine Feinde an. Bei jeder sich bietenden Gelegenheit nahm er Stellung gegen die Entwicklung in der Deutschen De-

mokratischen Republik. Die Unterschrift seiner Frau zur Ächtung der Atomwaffe holte er unter Schmähungen gegen die Regierung der Deutschen
Demokratischen Republik und die Sowjetunion vom Bürgermeister zurück
und verbrannte die Erklärung. In anderen Fällen stieß er Drohungen gegen
einzelne Mitglieder der SED aus. So äußerte er sich gegenüber einem Funktionär der SED: „Sei Du nur ruhig mit Deinem SED-Abzeichen!" Er trat in
eine demokratische Organisation (CDU) ein, aber nicht um beim Aufbau
aktiv mitzuarbeiten, sondern nur um sich zu tarnen. Er bemühte sich, mög-
lichst viele Angehörige für die CDU zu gewinnen, damit diese, wie er dabei
offen aussprach, stark würde, um gegen die SED vorgehen zu können.

Der Angeklagte Muras war bis 1945 nicht politisch organisiert. Bis 1933 war
er in der Arbeiter-Sportbewegung. 1940 wurde er zur Wehrmacht eingezogen,
sein letzter Dienstgrad war Unteroffizier. Während der Kämpfe in Frankreich
erhielt er für eine besondere Kamptat gleichzeitig das EK I und II. Er war also
im Einsatz des Faschismus ein guter Soldat. Von 1944 bis 1946 war er in
Amerika in Gefangenschaft. Dann wurde er nach England gebracht und 1947
von dort entlassen. Dass er Schulen in der Kriegsgefangenschaft besucht hat,
war ihm nicht nachzuweisen. Nach 1945 betätigte er sich wieder wie vor
1933 als Sportler. In die CDU trat er im Herbst 1951 ein. Seine Werbung
erfolgte durch Wilhelm. Muras, der ebenfalls wie Wilhelm regelmässig den
Rias hörte, dessen politische Gesinnung er teilte, wurde auch zu einen erbit-
terten Feind der SED und der Entwicklung in der Deutschen Demokratischen
Republik und benutzte ebenfalls seine Parteimitgliedschaft nur zu
Tarnzwecken. Auch aus gehässigen Äusserungen über unseren Präsidenten
Wilhelm Pieck zeigt sich seine negative politische Einstellung.

Der Verurteilung der Angeklagten liegt folgender Sachverhalt zu Grunde:

Am 30. April 1952 fand in der Gastwirtschaft Wichmann in Obergebra Kreis
Nordhausen eine Betriebsfeier des VEB Schachtbau Obergebra anlässlich des
1. Mai statt. An dieser Feier nahmen die Angeklagten Wilhelm und Muras als
Angehörige dieses Betriebes teil, weiter auch der ebenfalls in ihm als Wachmann tätig gewesene 56 Jahre alte Alfred Sobik. Dieser kam erst später dazu,
weil er vorher noch Dienst hatte. Bis gegen 24 Uhr war eine gute Stimmung
wie sie dem Charakter einer Feier am Vorabend des Festtages der Werktätigen
der ganzen Welt entsprach. Um diese Zeit stand der Angeklagte Wilhelm mit
anderen Arbeitskollegen an der Theke, in etwas angeheiterter Stimmung,
nachdem vorher bereits verschiedene militaristische Lieder gesungen worden
waren, provozierte nunmehr Wilhelm die Anwesenden mit faschistischen
Parolen. Er schrie: „Ein Volk, ein Reich, ein Führer!" und beschimpfte auf

besonders unflätige Weise die Rote Fahne der Arbeiterklasse. Er wurde deshalb von dem Wachleiter des Betriebes, dem Zeugen Zweschper, dem Sobik diese Vorfälle mitgeteilt hatte, sowie von diesem ermahnt. Zweschper bat Wilhelm dazu in den Vorraum. Hier wurde dieser sofort gegen die beiden ausfällig und forderte sie auf, mit auf die Straße zu kommen. Dort schlug Wilhelm plötzlich mehrfach heftig auf Sobik mit der Faust ein. Zweschper, der das unterbinden wollte, bekam von Wilhelm ebenfalls einen Schlag, es gelang ihm aber, Wilhelm von Sobik zu trennen. Zweschper und Sobik gingen darauf in den Saal zurück. Kurz danach folgte ihnen Wilhelm. Im Gastraum sprach er mit dem Angeklagten Muras über das Vorgefallene. Danach stürzte er sich erneut auf Sobik und schlug nochmals auf diesen ein. Von anderen wurde er aber wieder abgedrängt und aus dem Raum geführt. Jetzt ging plötzlich der Angeklagte Muras auf Sobik los und herrschte ihn an, warum er den Wilhelm geschlagen habe, obwohl ihm bekannt war, daß umgekehrt Wilhelm den Sobik angegriffen hatte. Sobik gab dem Muras zur Antwort, daß Wilhelm die obigen Hetzreden geführt habe. Daraufhin schlug Muras ohne weiteres mehrfach mit der Faust auf Sobik ein. Auch Muras wurde sogleich durch andere von Sobik weggedrängt. In diesem Moment begann dieser plötzlich zu schwanken und brach gleich darauf bewußtlos zusammen. Wenige Minuten später ist er verstorben. Der Tod ist auf die Mißhandlungen durch die Angeklagten Wilhelm und Muras zurückzuführen, wie durch das Gutachten des gerichtsmedizinischen Sachverständigen erwiesen ist.

Beide Angeklagten wussten, dass Sobik ein sehr aktiver Funktionär der SED war. Muras hatte ausserdem von Sobik selbst, dessen Feldnachbar er war, gelegentlich erfahren, dass er herzleidend sei und sich deshalb mit Alkoholgenuss und so weiter sehr in acht nehmen müsse. Einen organischen Herzfehler vermochte der Sachverständige Dr. Weigt nachträglich nicht festzustellen. Sobik machte aber ohnehin schon, nach seinem Alter entsprechend nicht den Eindruck eines gesunden Menschen. Er war deshalb, wie den Angeklagten bekannt war, vor einiger Zeit aus der Produktion in den Wachdienst übernommen worden. Diese Feststellungen beruhen auf den Aussagen der Angeklagten und den Angaben der in der Hauptversammlung vernommenen Zeugen, soweit das Gericht ihnen zu folgen vermochte, sowie dem Gutachten der Sachverständigen.

Der Angeklagte Wilhelm hat sich in der Hauptverhandlung vor allem mit der Behauptung herauszureden versucht, während des ganzen Vorganges völlig betrunken gewesen zu sein und er sich bis auf den Umstand dass er draussen in eine Schlägerei verwickelt gewesen sei, auf nichts mehr besinnen könne.

Diese Einlassung hat das Gericht jedoch für offensichtlich unglaubwürdig angesehen. Der mitangeklagte Muras, der nach eigenen Angaben zwar leicht angetrunken, aber völlig bei Bewusstsein war, hat selbst erklärt, dass Wilhelm nicht betrunkener gewesen sei als er. Auch die Zeugin Heinemann, die sich nach der Schlägerei mit dem Angeklagten Wilhelm unterhalten hat, bekundet, dass er ganz vernünftig mit ihr gesprochen hätte. Darüber hinaus erklärte auch der Sachverständige Dr. Schulz, dass bei Wilhelm entsprechend der bei ihm im Blut festgestellten Alkoholmenge die Zurechnungsfähigkeit weder zu verneinen noch vermindert gewesen sei. Zu dem gleichen Ergebnis gelangte der Sachverständige auch bei dem Angeklagten Muras, bei dem der Alkoholgehalt noch geringer war.

Dieser Angeklagte verteidigte sich weiter damit, dass bei seiner Auseinandersetzung mit Sobik dieser zuerst tätlich geworden sei, indem er ihm in die Magengegend gestoßen und zu ihm gesagt habe: „Du bist auch so einer."

Auch diesem Vorbringen konnte das Gericht nicht folgen, da einmal keiner der Tatzeugen hiervon etwas gesehen oder gehört hat, zum anderen, weil der Getötete, der als ein ruhiger, besonnener Mensch geschildert wurde, schon wegen seines Alters und seiner Kränklichkeit unmöglich ein solch aggressives Verhalten gezeigt haben kann.

Hiernach haben sich beide Angeklagten durch die von ihnen am 30. April 1952 begangene Tat zunächst eines Verbrechens nach Art. 6 der Verfassung der Deutschen Demokratischen Republik schuldig gemacht. Sie haben die von ihnen seit langem regelmässig vom Rias empfangene Hetze in die Tat umgesetzt, indem sie einen Funktionär der SED, also einen demokratischen Politiker, erschlugen, der ihnen in rechtmässiger Ausübung seiner verfassungsmässigen Pflicht, gegen jede Art militärischer und faschistischer Propaganda vorzugehen, entgegentrat. Die Angeklagten haben also nicht nur, wie es an sich insoweit der Tatbestand des Art. 6 nur verlangt, mit aufreizenden Worten, sondern durch die Tat Mordhetze im Sinne der genannten Vorschrift betrieben. Das Erschlagen eines politischen Funktionärs aufgrund der hetzerischen Anweisungen imperialistischer Sender erfüllt ebenso den Begriff der Mordhetze wie das blosse hetzerische Auffordern hierzu. Die Angeklagten haben weiter gleichzeitig durch die von ihnen in die Tat umgesetzte, vom Rias empfangene Hetze zum Mord an einem politischen Funktionären beispielgebend aufgefordert. Darüber hinaus haben die Angeklagten den Tatbestand des Art. 6 auch hinsichtlich der anderen in ihm genannten Begehungsformen erfüllt, nämlich Boykotthetze gegen demokratische Einrichtungen und Organisationen, Bekundungen von Glaubens-, Rassen- und Völkerhass, sowie vor allem militaristische Propaganda und Kriegshetze getrieben. Wer einen Funktionär einer demokratischen Organisation aus politischen Gründen erschlägt, dessen Tat richtet sich gegen den Bestand und die Tätigkeit der Deutschen Demokratischen Republik und gegen ihre Verfassung, mit der sich unser Staat eindeutig für Völkerfreundschaft, Frieden, Gleichberechtigung aller Konfessionen und Rassen, sowie gegen jede militaristische und faschistische Betätigung ausspricht.

Dass die Tat der Angeklagten aus politischen Gründen begangen ist, ergibt sich eindeutig aus dem festgestellten Sachverhalt. Der Mensch Sobik war ihnen als solcher gleichgültig, ihr Angriff galt vielmehr dem SED-Funktionär. Die Angeklagten wollten dessen weitere politische Tätigkeit unterbinden. Sie hatten erkannt, dass die SED die führende Kraft in der Deutschen Demokratischen Republik ist und den Motor der demokratischen Entwicklung in unserer Republik darstellt.

Daneben bedarf es keiner näheren Ausführungen, dass die Angeklagten durch ihr Verhalten zugleich den Tatbestand auch von der KD 38 Absch. II Art. III A III erfüllt haben.

Die Ansicht der Verteidigung Muras, dass die Angeklagten Wilhelm und Muras nicht gemeinschaftlich gehandelt hätten, ist für die rechtliche Beurteilung der Tat unwesentlich. Es ist dem Angeklagten zwar nicht nachzuweisen, dass sie sich in Worten gemeinschaftlich darüber berieten, dass und wie sie gegen Vertreter demokratischer Organisationen der Deutschen Demokratischen Republik vorgehen wollten. Sie haben jedoch beide aus den mordhetzerischen Sendungen des Rias ihre Anweisungen empfangen, sie waren beide, wie sie selbst in der Hauptverhandlung klar zum Ausdruck brachten, Feinde der antifaschistisch-demokratischen Ordnung, sie handelten also beide in der gleichen politischen Zielrichtung. Muras setzte lediglich das fort, woran Wilhelm in der Endphase der Tat gehindert worden war. Sie haben also beide den Funktionär Sobik aus politischen Motiven erschlagen.

Nach dem Gutachten des gerichtsmedizinischen Sachverständigen, dessen Ausführungen das Gericht gefolgt ist, ist der Tod Sobik's durch mehrere Blutungen in den weichen Hirnhäuten, die jeweils auf stumpfe Gewalteinwirkungen zurückzuführen sind, hervorgerufen worden. Nach der Überzeugung des Gerichts sind also die von beiden Angeklagten dem Verstorbenen beigebrachten Schläge ursächlich für dessen Tod.

Aus dem bisher hinsichtlich der objektiven Erfüllung des Tatbestandes gemachten Ausführungen ergibt sich auch, dass die Angeklagten den Tatbestand der genannten Gesetzesbestimmungen vorsätzlich verletzt haben.

Bei der Strafzumessung ist das Gericht vor allem von der konkreten, durch die Anglo-Amerikaner hervorgerufenen besonders ernsten politischen Situation des deutschen Volkes und der deutschen Nation ausgegangen. Das deutsche Volk wehrt sich mit aller Kraft dagegen, dass durch einen neuen Krieg die mühsam erkämpften Errungenschaften unseres staatlichen Aufbaues zunichte gemacht werden und wieder Millionen Menschen Leben und Gut opfern sollen. Wie bereits oben ausgeführt, wird von den amerikanischen Imperialisten ein neuer Krieg vorbereitet, der sich gegen die sozialistische Sowjetunion, die Volksdemokratien und gegen die Deutsche Demokratische Republik richten und als Ausgangsbasis das Gebiet Westdeutschlands haben soll, wie sich eindeutig aus den dort errichteten Truppenübungsplätzen, Flugzeugbauen und der ständigen Erweiterung anderer militärischer Vorbereitungen ergibt.

Parallel mit dieser Entwicklung führen die Kriegstreiber ferner die eingangs bereits angeführte Provokations- und Sabotagetätigkeit sowie weiter eine umfangreiche Spionage durch. Der besondere Ernst der Situation wurde durch unseren Präsidenten Wilhelm Pieck in seiner grossen Rede zum Weltfeiertag am 1. Mai klar herausgestellt, in der er das deutsche Volk in der Deutschen Demokratischen Republik zur Organisierung der bewaffneten Verteidigung der demokratischen Errungenschaften aufrief. Angesichts dieser für das ganze deutsche Volk und den Bestand der deutschen Nation äusserst ernsten Lage ist das Gericht der Überzeugung, dass ein Angriff, wie er sich in diesem Strafverfahren gezeigt hat, nur mit den härtesten Strafen zum Schutze der friedliebenden Bevölkerung, zugleich aber auch zur Abschreckung gegenüber den Feinden der Demokratie geahndet werden muss.

In dieser Sabotage- und Mordtätigkeit bedienen sich die Kriegstreiber willfähriger Elemente, die ihre Anweisungen zum Teil direkt, zum Teil durch den Rias erhalten. Zu diesen Elementen zählen die Angeklagten. Für sie war der Mensch Sobik ohne Interesse, deshalb nahmen sie auch darauf nicht Rücksicht, dass dieser kränklich und immerhin schon bejahrt war, schlugen vielmehr brutal auf ihn ein. Sie sahen ihren Hass gegen die SED und unsere antifaschistisch-demokratische Ordnung. Diesem Hass Ausdruck zu verleihen, war ihnen jedes Mittel recht, sogar der Tod eines Menschen.

Diesen Schädlingen am friedlichen wirtschaftlichen Aufbau musste deshalb die härteste Strafe treffen.

Umstände, die die Tat in einem milderen Lichte erscheinen lassen, konnten nicht festgestellt werden. Insbesondere können sich die Angeklagten Wilhelm und Muras nicht darauf berufen, dass sie in einer demokratischen Organisation am Aufbau mitgearbeitet hätten. Im Gegenteil haben sie den hervorragenden Anteil der CDU im Kampf um den Frieden erheblich dadurch in Misskredit gebracht, dass sie ihre Mitgliedschaft in dieser Partei lediglich zu Tarnzwecken für ihre verbrecherischen Machenschaften ausnutzten. Mit Recht hat sich daher der Landesverband der CDU von diesen Elementen durch ihren sofortigen Ausschluss distanziert. Auch dem Angeklagten Muras kann seine Mitarbeit in der demokratischen Sportbewegung seit 1945 sowie der Umstand, dass er den Appell zur Ächtung der Atombombe unterzeichnet hat, nicht zugute gehalten werden, nachdem er offen erklärt, durch sein Verhalten auch bekundet und bewiesen hat, dass er ein offener Gegner unserer antifaschistisch-demokratischen Ordnung und damit unseres friedlichen Aufbaues ist.

Aus all diesen Gründen hat sich das Gericht dem Antrage des Landesstaatsanwalts angeschlossen.

Die Kostenentscheidung beruht auf § 465 StPO.

gez. Bieret   Löffler

A u s g e f e r t i g t :

Landgericht Mühlhausen/Thür.   Mühlhausen/Thür., den 23. Mai 1952

gez. Meiser

Hilfsfachbearbeiterin als Beurkunder der Geschäftsstelle des Landgerichts

Ablehnung einer Revision des Urteils am 4. Juni 1952 in Erfurt

An das Ministerium der Justiz der Deutschen Demokratischen Republik in B e r l i n – gem. Rdvfg. Nr. 147/51 v. 6.11.1951 – 4200-II-1760/51 – Berichtspflichtig als Strafsache, wo Todesstrafe ausgesprochen wurde.

Oberlandesgericht Erfurt, 1. Strafsenat

Im Namen des Volkes

U r t e i l

in der Strafsache gegen

den Schlosser Ernst W i l h e l m, geboren am 19. September 1922 in Dühren, wohnhaft in Obergebra, Halle-Kasseler-Strasse 152.

den Stellmacher Johann M u r a s, geboren am 3. Januar 1908 in Kaschwitz, Kreis Kamenz, wohnhaft in Obergebra, Tutenstieg 147.

beide in Untersuchungshaft in der VP-Zentralhaftanstalt Erfurt,

wegen Verbrechens nach Art. 6 der Verfassung der Deutschen Demokratischen Republik und KD 38 Abschn. II Art. III.

Auf die Revisionen der Angeklagten gegen das Urteil der Großen Strafkammer I des Landgerichts in Mühlhausen/Thür. vom 31. Mai 1952 hat der 1. Strafsenat des Oberlandesgerichts in Erfurt in der Sitzung vom 4. Juni 1952, woran teilgenommen haben

Richter Hammer als Vorsitzender,

Richter König und Richter Frau Donath als beisitzende Richter,

Landesstaatsanwalt P i e h l als Vertreter der Staatsanwaltschaft

Sachbearbeiter Pfeifer als Schriftführer,

für Recht erkannt:

Die Revisionen werden auf Kosten der Angeklagten mit der Maßgabe verworfen, daß die Angeklagten wegen gemeinschaftlich begangener Verbrechen nach Art. 6 der Verfassung und KD 38 Abschn. II Art. III A III verurteilt werden.

I L Rev. 35/52 i KLs 15/52

G r ü n d e :

Nach den Feststellungen des angefochtenen Urteils waren beide Angeklagte als Arbeiter in dem VEB Schachtbau Obergebra bei Nordhausen tätig. Sie waren bis zum Zusammenbruch beide Soldaten, Wilhelm kam in sowjetische, Muras in amerikanische Gefangenschaft. Sie haben beide regelmäßig die Hetzsendungen des Rias gehört, waren demzufolge erbitterte und verbitterte Gegner der antifaschistisch-demokratischen Ordnung und standen dem Wiederaufbau unseres Staates ablehnend gegenüber, wie beide in der Hauptverhandlung offen zum Ausdruck brachten, und haßten die SED und deren Angehörige, die sie als ihre persönlichen Feinde ansahen. Besonders Wilhelm nahm bei jeder sich bietenden Gelegenheit Stellung gegen die Entwicklung in der Deutschen Demokratischen Republik. In demonstrativer Weise ließ er sich z.B. vom Ortsbürgermeister die von seiner Frau abgegebene Zustimmungserklärung zur Ächtung der Atomwaffe unter Schmähungen gegen die Regierung und gegen die Sowjetunion zurückgeben und verbrannte sie. Einem Funktionär der SED gegenüber äußerte er sich einmal: „Sei Du nur ruhig mit Deinem SED-Abzeichen". Wilhelm trat 1951 in die CDU ein, aber nicht, um beim Wiederaufbau aktiv mitzuwirken, sondern nur, um sich zu tarnen. Er bemühte sich, so viele Mitglieder als möglich für die CDU zu gewinnen, damit diese stark würde, um gegen die SED vorgehen zu können.

Auch Muras wurde so durch Wilhelm für die CDU gewonnen, dessen politische Gesinnung er teilte. Er benutzte seine Mitgliedschaft in der CDU ebenfalls nur zur Tarnung. Einmal äußerte er sich abfällig über den Präsidenten der Deutschen Demokratischen Republik.

Am 30. April 1952 fand in Obergebra eine Betriebsfeier des VEB Schachtbau statt. An ihr nahmen neben den beiden Angeklagten auch der 56 Jahre alte Alfred Sobik teil, der früher als Grubenarbeiter, seit einiger Zeit jedoch seines Alters und seiner Kränklichkeit wegen als Wachmann im Betrieb tätig war. Sobik war ein aktiver Funktionär der SED. Den Angeklagten war all dies bekannt. Nachdem bei der Feier zunächst fröhliche Stimmung geherrscht hatte, wurden von Wilhelm, der sich in etwas angeheitertem Zustand lange Zeit an der Theke aufhielt, zunächst verschiedene militaristische Lieder gesungen. Gegen 24.00 Uhr wurde er noch ausfälliger, provozierte die übrigen Anwesenden mit dem Ruf: „Ein Volk, ein Reich, ein Führer"! und beschimpfte auf besonders unflätige Art und Weise die rote Fahne. Sobik fühlte sich verrpflichtet, hiergegen einzuschreiten und meldete die Vorkommnisse zunächst seinem Vorgesetzten im Wachdienst, dem Wachleiter Zweschper, worauf beide den Wilhelm zur Rede stellten und ihn zu diesem Zweck in den Vorraum baten. Hier wurde Wilhelm sofort ausfällig und forderte die beiden auf, mit auf die Strasse zu kommen, wo er plötzlich mehrfach mit der Faust auf Sobik einschlug. Es gelang Zweschper, Wilhelm von Sobik zu trennen; er und Sobik gingen darauf in den Saal zurück. Wilhelm folgte ihnen kurz darauf und sprach im Gastraum kurz über den Vorfall mit Sobik. Dann stürzte er sich wieder auf Sobik und schlug erneut auf ihn ein. Nachdem es gelungen war, ihn wieder wegzudrängen – er wurde nach draußen gebracht – ging plötzlich Muras auf Sobik los und herrschte ihn an, warum er Wilhelm geschlagen hätte, obwohl er wusste, daß sich der Vorfall umgekehrt zugetragen hatte. Als Sobik ihm erwiederte, daß Wilhelm Hetzreden geführt hätte, schlug auch Muras mit der Faust mehrfach auf Sobik ein. Auch er wurde sofort weggedrängt. In diesem Moment fing Sobik plötzlich an zu taumeln, brach bewußtlos zusammen und starb einige Minuten später an den erlittenen Misshandlungen infolge mehrerer Blutungen im Gehirn, hervorgerufen durch stumpfe Gewalteinwirkungen auf den Kopf.

Das Landgericht hat die Angeklagten auf Grund dieses ihres Verhaltens am Abend des 30. April wegen Verbrechens nach Art. 6 der Verfassung der Deutschen Demokratischen Republik und wegen Verbrechens nach KD 38 Abschn. II Art. III A III zum Tode verurteilt.

Gegen dieses Urteil richten sich die von beiden Angeklagten form- und fristgerecht eingelegten Revisionen. Sie rügen beide Verletzung formellen und materiellen Rechts, konnten jedoch keinen Erfolg haben.

Zur Revision des Angeklagten Wilhelm:
In formeller Hinsicht wird zunächst Verletzung der §§ 264 und 249 StPO gerügt. Hierzu wird ausgeführt, der Staatsanwalt habe in seinem Plädoyer auf die ihm zugegangenen zahlreichen Resolutionen der Bevölkerung verwiesen und diese dem Vorsitzenden des Gerichts übergeben. Obgleich sie nicht zum Gegenstand der Verhandlung gemacht worden wären, habe sie der Vorsitzende aus dem Sitzungssaal mit herausgenommen und sie nach der Verhandlung dem Staatsanwalt zurückgegeben. Sie hätten also bei der Beratung vorgelegen, was unzulässig sei.
Diese Rüge ist jedoch absolut unbegründet. Es ist selbstverständlich, daß allen Personen des Gerichts als im politischen Leben stehenden Menschen schon durch die Presse die Empörung großer Kreise der Bevölkerung der Deutschen Demokratischen Republik bekannt geworden ist, die nach dem 1. Mai dieses Jahres wegen der Bluttat von Obergebra durch zahlreiche Ent-

schließungen gegenüber den Ermittlungs- und Justizbehörden spontan zum Ausdruck kam. Eine gegenteilige Annahme würde er an eine fortschrittliche Justiz unserer antifaschistisch-demokratischen Ordnung vordringlich zu stellenden Anforderung zuwiderlaufen, mit dem politischen Geschehen unserer Zeit aufs engste verbunden zu sein und hieraus die Grundlage für eine lebensnahe, volksverbundene Rechtsprechung zu schöpfen. Es wäre im vorliegenden Fall deshalb mehr als lebensfremd, an die Richter der Strafkammer etwa das Verlangen zu stellen, von dem der Straftat zugrunde liegenden Geschehen und seinem Widerhall in der Bevölkerung nicht Kenntnis zu nehmen. Erforderlich als Prinzip der demokratischen Gesetzlichkeit ist es dagegen, daß das Gericht bei seiner Urteilsfindung selbst sich von dieser öffentlichen Meinung nicht bestimmen lässt, sondern hierfür sich nur der Verfassung und dem Gesetz verantwortlich fühlt, wie das in Art. 127 unserer Verfassung zum Ausdruck kommt. Im vorliegenden Fall ist jedoch nichts darüber ersichtlich, daß das Landgericht gegen dieses Grundprinzip des Strafverfahrens verstoßen hätte. Weder die Urteilsgründe noch die Niederschrift über die Hauptverhandlung, die allein für die Nachprüfung des Urteils durch das Revisionsgericht maßgebend sind, ergeben irgendeinen Anhaltspunkt dafür, daß das Gericht diese Resolutionen bei der Verhandlung oder bei der Beratung irgendwie zum Gegenstand der Urteilsfindung gemacht hat und dadurch die von der Revision genannten Verfahrensvorschriften verletzt worden wären. Die Rüge ist daher nicht geeignet, die Revision zu stützen, ohne daß es für erforderlich erachtet wurde, hierüber noch, etwa durch Einholung dienstlicher Äußerungen, weitere Ermittlungen anzustellen.

Einen weiteren formellen Verstoß durch Verletzung von § 261 StPO glaubt die Revision in den Feststellungen des Landsgerichts zu erblicken, daß Wilhelm einen Funktionär der SED habe beseitigen wollen, sowie daß Sobik auf Grund von hetzerischen Anweisungen, die den Angeklagten durch Abhören der Rias-Sendungen erteilt worden wären, erschlagen worden sei.

Auch diese Rüge ist unbegründet. Das Landgericht hat sehr zutreffend die Zusammenhänge zwischen der Tat und den ununterbrochenen Verhetzungen gegen unsere nue Ordnung sowie den Aufforderungen und Anweisungen zum Leisten von Widerstand aufgedeckt, die den Angeklagten auf Grund des ständigen Abhörens der Rias-Sendungen erteilt worden sind. Es hat nach den von ihm getroffenen Feststellungen richtig herausgestellt, daß die Tat nur auf Grund der in den Angeklagten aufgespeicherten Hassgefühlen gegen die SED, als die stärkste Kraft des Aufbaues der antifaschistisch-demokratischen Ordnung, geschehen konnte. Das ergibt sich eindeutig aus der zutreffenden

Schilderung der Persönlichkeit der Angeklagten und ihrer politischen Einstellung. Es ist deshalb abwegig und bedenklich, wenn die Revision gerade diese zutreffenden Schlußfolgerungen des Urteils, die erst das logische Bindeglied zwischen den Persönlilchkeiten der Täter und der von ihnen begangenen Tat darstellen, als „Vermutungen" bezeichnen will. Darüber hinaus ist dieses Vorbringen der Revision schon deshalb unbeachtlich, weil es sich gegen die dem freien Ermessen des Gerichts obliegende Beweiswürdigung wendet.

In materieller Hinsicht rügt die Revision Wilhelms mehrfach Verletzung des Art. 6 der Verfassung. Sie führt hierzu zunächst aus, daß der Angeklagte keine militaristische Propaganda betrieben hätte. Von den Zeugen sei lediglich das Lied „Von den Bergen rauscht ein Wasser" angegeben worden, das aber nicht als typisch militaristisch angesehen werden könne.

Das Vorbringen richtet sich zunächst gegen die tatsächlichen Feststellungen des Urteils, die besagen, daß der Angeklagte mehrere militaristische Lieder gesungen hätte. Diese Feststellung ist aber ebenfalls grundsätzlich der Nachprüfung durch das Revisionsgericht entzogen. Bei solchen Angriffen gegen den vom Landgericht festgestellten Sachverhalt kann sich die Revision insbesondere auch nicht auf einzeln herausgegriffene Zeugenaussagen berufen, da gemäß § 261 StPO der im Urteil festgestellte Sachverhalt auf dem Ergebnis der freien, aus dem Inbegriff der gesamten Hauptverhandlung geschöpften Überzeugung des Gerichts beruht und es denkbar ist, daß nach diesem das Landgericht zu einer von der Aussage eines einzelnen Zeugen abweichenden Beweiswürdigung gelangt ist.

Sodann ist auch unrichtig, daß das von der Revision genannte Lied nicht als typisch militaristisch angesehen werden könne. Es ist allgemein bekannt, daß zur Popularisierung der nazistischen Wehrmacht vielfach ältere, ja sogar kulturell wertvolle alte, im Volkstum verwurzelte Lieder in einer Art und Weise ständig gespielt oder gesungen wurden, daß sie hierdurch ihren frühren Charakter vollständig verloren und zu typisch militaristischen Liefern wurden. Es kommt ei solchen Liedern nicht, wie die Revision meint, auf den früheren Gehalt derselben an, sondern darauf, daß sie zu typisch militaristischen Liedern wurden, so daß es provozierend wirken muß, wenn es heute noch gesungen wird. Ein solches Lied ist aber das von der Revision zitierte, wie das Landgericht zutreffend erkannt hat, und wie der Senat auf Grund allgemeiner Sachkunde glaubt, beurteilen zu können. Gewiß mag es bei den von Soldaten gesungenen Liedern auch solche geben, die diesen typischen Charakter nicht haben und bei denen nichts Anstößiges gesehen werden kann, wenn sie hin und wieder noch erklingen, wobei es natürlich auch hierbei auf Ort, Zeit und Umstände ankommen wird. Wenn aber, wie hier, der Angeklagte als ein bekannt fanatischer Gegner unserer antifaschistisch-demokratischen Entwicklung in einer Betriebsfeier vor Arbeitskollegen öffentlich ein Lied ertönen lässt, das im Sinne der ebengenannten Ausführungen als typisch militaristisch anzusehen ist, so kann kein Zweifel darüber bestehen, daß er damit bewusst und gewollt provozierend wirken und den Militarismus verherrlichen, also Propaganda für ihn treiben wollte. Das Landgericht hat das richtig erkannt und daher insoweit den Sachverhalt zutreffend gewürdigt.

Sodann wendet sich die Revision gegen die vom Landgericht ausgesprochene Todesstrafe. Sie führt hierzu aus, daß Art. 6 der Verfassung durch die Vorschrift des § 1 StGB, der allgemein den Strafrahmen für die in ihm gegebene Definition des Begriffs Verbrechen bestimme, nicht etwa zu einer Strafbestimmung werde, aus der jeweils nach freiem Ermessen Zuchthaus- oder Todesstrafe ausgesprochen werden könne. Vielmehr müßte in jedem Falle als Voraussetzung für den Strafausspruch geprüft werden, ob die Zuchthaus- oder Todesstraße anzuwenden sei. Das Urteil lasse zwar durch die Erwägungen über die aus Abschreckungsgründen notwendige härtere Bestrafung eine gewisse dahingehende Prüfung erkennen. Diese Prüfung reiche aber nicht aus. Die Abschreckungstheorie hätte höchstens angewendet werden können, wenn, wie bei Zuchthausstrafe, die Frage der Strafhöhe von Bedeutung gewesen sei. Die Todesstrafe sei aber nicht zu steigern. Sie stelle auch nicht gegenüber der Zuchthausstrafe das höhere Strafmittel dar, sondern sei eine völlig verschiedene Strafart. Das Gericht hätte also prüfen müssen, ob Todesstrafe anzuwenden sei.

Dieses, teilweise selbstverständliche Rechtsausführungen enthaltende Vorbringen ist insgesamt völlig unbegründet. Nach § 1 in Verbindung mit § 14 StGB erstreckt sich allerdings der Strafrahmen für Verbrechen nach Art. 6 der Verfassung, das als die Schutzvorschrift des Grundgesetzes unseres Staates eines der bedeutendsten Strafgesetze unserer antifaschistisch-demokratischen Ordnung ist, von einem bis zu 15 Jahren über lebenslängliche Zuchthaus bis zur Todesstrafe, wobei nach der Rechtsprechung des Obersten Gerichts die Annahme mildernder Umstände ausgeschlossen ist.

Welche Strafe innerhalb dieses Strafrahmens das Gericht für angemessen ansieht, ist eine Angelegenheit, die, über die zu entscheiden, im Gegensatz zur Ansicht über Revision einzig und allein dem freien Ermessen des Gerichts obliegt. Dabei ist es selbstverständlich, daß das Gericht bei Entscheidung der Frage, ob es eine Zuchthausstrafe oder die Todesstrafe für angemessen erachtet, eben wegen des schwerwiegenden Unterschiedes beider Strafen, eine natürlich gewissenhafte Prüfung anstellt. Dieses freie Ermessen des Gerichts nachzuprüfen, ist aber nach ständiger Rechtsprechung für das Revisionsgericht nur dann zulässig, wenn sich das Gericht, das auf die Strafe erkannt hat, bei Ausübung dieses Ermessens erkennbar von irrigen Erwägungen hat leiten lassen. Erwägungen über die Höhe der Strafe, also auch darüber, welche Strafart für angemessen gehalten wurde, sind der Nachprüfung durch das Revisionsgericht entzogen. die Nachprüfung des Ermessens in bezug auf die Strafhöhe ist nach nunmehr allgemeiner Rechtsauffassung einzig und allein dem Obersten Gericht der Deutschen Demokratischen Republik als Kassationsgericht vorbehalten, das darüber zu entscheiden hat, ob eine erkannte Strafe gröblich gegen die Gerechtigkeit verstößt. Irrige Erwägungen des Landgerichts, die der Nachprüfung durch das Revisionsgericht unterliegen würden, sind aber im vorliegenden Falle nicht erkennbar. Insbesondere ist die Ansicht der Revision unrichtig, daß wegen des begrifflichen Unterschieden zwischen Zuchthausstrafe, sei es auch lebenslänglicher, und Todesstrafe besondere Erwägungen anzustellen gewesen wären, deren Unterlassen das Revisionsgericht nachzuprüfen hätte.

Unbegründet sind auch die weiteren Ausführungen der Revision, daß das Landgericht schon deshalb jnicht Todesstrafe hätte erkennen können, weil nach dem Gutachten des gerichtlichen Sachverständigen bei Sobik wegen seines Alters eine starke Knochenbrüchigkeit bestanden hätte, so daß der Schlag des Wilhelm, der nicht mit so großer Wucht geführt worden wäre, nur deshalb zum Tode geführt hätte. Abgesehen davon, daß auch diese Ausführungen sich gegen die tatsächlichen Feststellungen des Urteils richten, – nach denen eine Reihe von Gehirnblutungen infolge von Schlägen die Todesursache waren, und die nichts darüber feststellen, daß das Eintreten des Todes durch einen solchen Umstand begünstigt worden sei – verkennt die Revision völlig, daß die Angeklagten nicht wegen der Tötung des Menschen Sobik, sondern wegen des in der Verletzung von Artikel 6 enthaltenen schwerwiegenden Verbrechens gegen des Bestand und die Tätigkeit der Deutschen Demokratischen Republik durch die Niederschlagung eines politischen Funktionärs besonders hart bestraft worden sind. Das Urteil stellt richtig fest, daß sich die Tat der Angeklagten nicht gegen den Menschen Sobik, der ihnen gleichgültig war, sondern gegen den ihnen als besonders aktiv bekannten Funktionär der SED richtete, dessen politische Tätigkeit sie unterbinden wollten. Das hat das Landgericht Erfurt treffend herausgestellt, so daß dem nichts hinzuzufügen ist.

Es ist deshalb ebenso abwegig, wenn die Revision in weiterer Verquickung des der Verurteilung zugrunde liegenden Tatbestandes verschiedentlich anführt, daß Wilhelm durch einen Schlag, der unter normalen Umständen nicht zum Tode geführt hätte, nicht eine Tat begangen habe, die gemäß § 211 StGB mit dem Tode hätte bestraft werden können, daß aber die Prüfung, ob § 211 StGB hätte angewandt werden müssen, notwendig sei zur Wahl der Strafart nach Art. 6 der Verfassung und schließlich, daß für eine Tat nach § 211 StGB Vorsatz nötig sei. Der Vorsatz des Wilhelm hätte sich aber nur darauf gerichtet, Sobik körperlich zu verletzen, nicht ihn zu töten.

Diese Ausführungen der Revisionen verkennen leider völlig die Bedeutung des Art. 6 der Verfassung und damit den Charakter der durch diese Vorschrift geschützten Grundlage unserer Ordnung.

Das Landgericht hat die Angeklagten zutreffend für schuldig befunden, Art. 6 in verschiedenen Begehungsformen verletzt zu haben und es hat lediglich hieraus und entsprechend dem Strafrahmen dieser Vorschrift die Verurteilung richtig ausgesprochen. Darüber hinaus war es nicht erforderlich, den Sachverhalt auch noch auf Erfüllung der Tatbestandsmerkmale anderer Strafvorschriften zu überprüfen.

Zu der Frage, ob ein besonderer Vorsatz der Angeklagten dahingehend hätte festgestellt werden müssen, daß sie Sobik hätten töten wollen, hat das Landgericht zutreffend ausgeführt, daß beide Angeklagten die von ihnen seit längerem regelmäßig vom Rias empfangene Hetze in die Tat umgesetzt hätten, indem sie einen Funktionär der SED niederschlugen, der ihnen in rechtmäßiger Ausübung seiner verfassungsmäßigen Pflicht, gegen jede Art militaristischer und faschistischer Propaganda vorzugehen, entgegentrat. Sie hätten das nicht nur, wie es an sich Art. 6 verlange, mit aufreizenden Worten, sondern durch die Tat getan und dadurch Mordhetze im Sinne dieser Vorschrift betrieben. Das Urteil sagt weiter zutreffend, daß die Angeklagten durch die von ihnen in die Tat umgesetzte, vom Rias empfangene Hetze, zum Mord an anderen politischen Funktionären beispielgebend aufgefordert hätten.

Der Senat teilt zunächst – ebenso wie übrigens auch beide Revisionen – vollinhaltlich die Rechtsauffassung des Landgerichts, daß „Mordhetze" im Sinne des Art. 6 nicht nur mit Worten, sondern erst recht auch durch die Tat begangen werden kann. Darüber hinaus ist der Senat der Ansicht, daß dieser Begriff nicht so eng begrenzt aufgefaßt werden darf, daß der Tatbestand des Art. 6 in der Begehungsform der Mordhetze subjektiv nur dann als erfüllt angesehen werden könne, wenn der Täter unter den insoweit für §§ 211 oder

212 StGB erforderlichen Voraussetzungen einen Menschen umgebracht hat. Mordhetze durch die Tat liegt vielmehr, neben anderen Möglichkeiten, z. B. bei Vorbereitung von Angriffen auf politische Funktionäre, etwa durch Attentate, allgemein auch dann vor, wenn das vorsätzliche Handeln des Täters zur Erfüllung des Tatbestandsmerkmales in einer der Begehungsformen des Art. 6 dieser Vorschrift in ursächlichem Zusammenhang mit dem Tode eines Menschen steht, ohne daß der Vorsatz oder der bedingte Vorsatz des Täters unmittelbar auch darauf gerichtet gewesen sein muß, durch dieses Handeln einen Menschen zu töten. Der Senat stützt sich bei dieser Auffassung auf die besondere Bedeutung des Art. 6 als Schutzvorschrift der Grundlage unseres Staates, der antifaschistisch-demokratischen Ordnung. Im Interesse eines umfassenden Schutzes dieser Ordnung darf der Wortlaut dieser Begehungsform der genannten Vorschrift einengend nicht so begrenzt ausgelegt werden, daß damit seine Anwendbarkeit gerade bei dem Schutz eines der wertvollsten und zugleich gefährdetsten Angriffsobjekive bei tätlichen Angriffen Andersgesinnter, nämlich Leben und Gesundheit, überhaupt die körperliche Unantastbarkeit demokratischer Politiker, praktisch nur dann zu bejahen wäre, wenn wegen des Vorliegens der Tatbestandsmerkmale der bisherigen diesbezüglichen Strafgesetze Bestrafung ohnehin auch nach diesen erfolgen könnte. Im vorliegenden Falle würde eine so enge Auslegung andererseits zu dem unhaltbaren Ergebnis führen, daß die Angeklagten, die ohne direkten Tötungsvorsatz einen politischen Funktionär umgebracht haben mögen, nicht wegen Mordhetze bestraft werden könnten, sondern nur wegen Körperverletzung mit Todesfolge.

Zur Revision des Angeklagten Muras:

In formeller Hinsicht glaubt die Revision zunächst einen Widerspruch, dem das Landgericht nötigenfalls durch weitere Aufklärung hätte nachgehen müssen, darin zu erblicken, daß das Gericht einerseits feststelle, der Angeklagte sei ein erbitterter Feind der Entwicklung der Deutschen Demokratischen Republik und der Angehörigen der SED gewesen, er andererseits aber während der Verhandlung wiederholt, insbesondere in seinem Schlusswort erklärt hätte, daß er nicht Mitglied der NSDAP gewesen und auch nicht freiwillig zur faschistischen Wehrmacht gegangen sei, sich seit 1945 ständig für die demokratische Sportbewegung eingesetzt und den Appell zur Ächtung der Atomwaffe unterschrieben hätte, er deshalb also bei der Straftat nicht aus politischer Absicht gehandelt haben könne.

Abgesehen davon, daß weder das Urteil noch die Niederschrift über die Hauptverhandlung von dieser Einlassung des Angeklagten etwas erkennen lassen, kann von einem Widerspruch schon deshalb nicht die Rede sein, weil ohne weiteres denkbar ist, daß jemand, der nicht Mitglied der NSDAP war, nur gezwungenermaßen zur Wehrmacht gegangen ist. sich auch für die Ächtung der Atomwaffe ausgesprochen hat und ständig aktiv in der Sportbewegung tätig ist, gleichwohl aus innerer Gegnerschaft gegen die Entwicklung unseres demokratischen Staates eine Straftat begeht in der Absicht, unsere demokratische Entwicklung zu hemmen oder zu schädigen. Darüber hinaus handelt es sich bei diesem Vorbringen der Revision lediglich um nicht nachprüfbare Angriffe gegen die tatsächlichen Feststellungen und gegen die Beweiswürdigung des Landgerichts, dem es überlassen bleiben muß, wie es im Verhältnis zu den Angaben des Angeklagten während seiner Vernehmung zur Sache und nach dem sonst festgestellten Sachverhalt etwaige Bemerkungen werten will, die dieser in seinem Schlusswort gemacht hat, nachdem ihm durch den Strafantrag der Umfang und die Schwere seiner Tat zum Bewusstsein gekommen war.

Sodann rügt die Revision, daß das Urteil nicht erkennen lasse, ob es Alleintäterschaft des Angeklagten Muras oder Mittäterschaft beider Angeklagter angenommen hat. Hierdurch sei § 338 Ziff. 7 StPO verletzt.

Das Urteil führt zu dieser Frage aus, daß den Angeklagten zwar nicht nachzuweisen sei, daß sie sich in Worten darüber beraten hätten, daß und wie sie gegen Vertreter demokratischer Organisationen der Deutschen Demokratischen Republik vorgehen wollten. Sie hätten jedoch beide aus den mordhetzerischen Sendungen des Rias ihre Anweisungen empfangen, sie wären beide, wie sie selbst in der Hauptverhandlung klar zum Ausdruck gebracht hätten, Feinde der antifaschistisch-demokratischen Ordnung gewesen, hätten also beide in der gleichen politischen Zielrichtung gehandelt. Muras hätte lediglich das fortgesetzt, woran Wilhelm in der Endphase der Tat gehindert worden sei, sie hätten also beide den Funktionär Sobik aus politischen Motiven erschlagen.

Aus dem Zusammenhang dieser Darlegungen ist klar zu erkennen, daß das Landgericht die Angeklagten entsprechend Anklage und Eröffnungsbeschluss wegen gemeinschaftlichen Handelns schuldig befunden, also als Mittäter bestraft hat. Diese rechtliche Würdigung des Landgerichts ist nicht zu beanstanden. Es ist dabei davon auszugehen, daß das Objekt des hier zur Verurteilung stehenden Verbrechens nicht, wie die Revision auch dieses Angeklagten zu verkennen scheint, der Angriff beider Angeklagter gegen die Persönlichkeit Sobiks ist, sondern ihr Vorgehen gegen die demokratische Ordnung unseres neuen Staates, gegen die sie von vornherein feindlich eingestellt waren, und gegen die sie durch Entladung des ihnen als Folge der ständigen Riasvehetzung aufgespeicherten Grolles ihre Tat richteten. Gerade durch die Ursache dieser feindlichen Einstellung, eben die ständige Verhetzung durch den Rias, ist aber das bei den Angeklagten Gemeinsame zu erkennen, das sie schließlich zu ihrer gemeinsamen Tat zusammengeführt hat: Ziel war ihr gemeinschaftliches Wollen, die antifaschistisch-demokratische Ordnung unseres neuen Staates anzugreifen. gemeinschaftlich war ihre Willensrichtung auch auf Grund der ihnen durch die Riashetze erteilten Anweisungen, und gemeinschaftlich war schließlich demzufolge auch die Ausführung der von beiden gewollten Tat in ihren Einzelheiten, eben der Angriff gegen Sobik, so daß sie schließlich gemeinschaftlich den Tatbestand erfüllt haben. Nach alledem waren also die Voraussetzungen des § 47 StGB erfüllt und ist die Verurteilung der Angeklagten wegen gemeinschaftlicher Täterschaft entsprechend Anklage und Eröffnungsbeschluß zu recht erfolgt. Das Landgericht hat im Gegensatz zu der insoweit zutreffenden Begründung des Urteils versäumt, das auch im Urteilsspruch zum Ausdruck zu bringen. Der Senat hat es im Interesse der Klarstellung der Verurteilung für zweckmäßig gehalten, diese entsprechend zu ergänzen. Das ist nach allgemeiner Rechtsauffassung trotz der Vorschrift des § 358 Abs. 1 StPO auch zulässig, da es sich nur um eine Richtigstellung des Schuldspruches, nicht um die Erhöhung der Strafe in irgendeiner Form handelt. Die Frage der Täterschaft ist also, im Gegensatz zur Ansicht der Revision, genügend klar begründet, die Rüge der Verletzung von § 338 Ziff. 7 StPO hiernach also nicht geeignet, die Revision zu stützen.

Unbegründet ist auch die weitere Rüge, daß bei Annahme von Mittäterschaft eine Verletzung von § 267 Ziff. 3 StPO vorläge, weil das Landgericht es unterlassen habe, die Strafvorschrift des § 47 StGB ausdrücklich anzugeben. Nach allgemeiner Rechtsauffassung ist unter „Bezeichnung des zur Anwendung gebrachten Strafgesetzes", wie es die genannte Bestimmung zwingend vorschreibt, nicht die formalistische Anführung des betreffenden Paragraphen zu verstehen, vielmehr genügt die Angabe dessen Inhalts. Das ist hier aber, wie eben gesagt, ausreichend geschehen.

Damit entfällt schließlich auch die in diesem Zusammenhang vorgebrachte weitere formelle Rüge der Verletzung des § 265 StPO, daß der Angeklagte in der Hauptverhandlung bezüglich der Annahme von Alleintäterschaft im Gegensatz zu der nach Anklage und Eröffnungsbeschluß angenommenen Mittäterschaft nicht auf die Veränderung des rechtlichen Gesichtspunktes hingewiesen worden sei, da ein solcher Hinweis nicht erforderlich war.

Iin materieller Hinsicht rügt die Revision ebenfalls die Anwendung von Art. 6 der Verfassung der Deutschen Demokratischen Republik und KD 38 Abschn. II Art. III A III. Sie macht hierzu Bedenken geltend, ob bei dem vom Landgericht für erwiesen erachteten Sachverhalt allgemein auch subjektiv die Tatbestandsmerkmale dieser Strafvorschriften erfüllt seien. Zu Gunsten des Angeklagten Muras sei in Rechnung zu setzen, daß Wilhelm bis zu dem Zeitpunkt, als er im Gastraum von Sobik weggerissen worden sei, völlig selbständig und für sich allein gehandelt hätte, daß Muras bis zu diesem Moment von den vorangegangenen Vorfällen keine Kenntnis gehabt hätte und bis dahin auch in keiner Weise provozierend aufgetreten sei. Bei diesem Sachverhalt und dem raschen Ablauf der Ereignisse müßten Zweifel bestehen, ob Muras seine Tätigkeiten gegen Sobik mit dem Willen begangen hätte, diesen von der Tätigkeit eines politischen Funktionärs auszuschließen.

Auch diese Ausführungen sind irrig. Das Landgericht hat auf Grund des oben bei der Frage der Täterschaft zitierten Teils seiner rechtlichen Würdigung zutreffend ausgeführt, daß Muras mit der gleichen politischen Zielrichtung wie Wilhelm in der Endphase der Tat das fortgesetzt hat, woran dieser gehindert worden war. Es hat den Sachverhalt weiter zutreffend dahin gewürdigt, daß nach dem Ablauf des ganzen Geschehens kein Zweifel darüber bestehen könne, daß Murras ebenso wie Wilhelm vorsätzlich gehandelt hat. Bei dieser Beurteilung der Sachlage konnte für das Landgericht also auch nicht zweifelhaft sein, daß der Angriff auch dieses Angeklagten nicht dem Menschen, sondern lediglich dem SED-Funktionär Sobik galt, dessen weitere politische Tätigkeit er unterbinden wollte,, ebenso auch nicht, daß er trotz der Kürze des Zeitablaufs dieses Vorhaben und diese Vorstellungen gehabt und mit diesem Willen die Tat begangen hat.

Die Revision rügt sodann ebenso wie Wilhelm, daß zur Annahme von Mordhetze die Feststellung erforderlich sei, daß der Angeklagte vorsätzlich oder zumindest bedingt vorsätzlich Sobik habe töten wollen. Insoweit geht die Revision jedoch ebenfalls fehl, wozu auf die entsprechenden, zur Revision des Angeklagten Wilhelm gemachten Ausführungen verwiesen werden kann.

Schließlich rügt die Revision noch, daß die Feststellungen des Urteils auch dafür nicht ausreichen, daß der Angeklagte zugleich Glaubens-, Rassen- und Völkerhaß betrieben hätte.

In bezug auf die zuletzt genannte Begehungsform des Art. 6 ist das Vorbringen der Revision jedoch unbedenklich fehlgehend. Der Angeklagte hat sich offen dazu bekannt, ein Gegner der antifaschistisch-demokratischen Ordnung und der Deutschen Demokratischen Republik zu sein, was er auch durch den in seiner Tat enthaltenen Angriff gegen diesen Staat und dessen Ordnung unverkennbar zum Ausdruck gebracht hat. Das oberste Gericht hat im Prozeß Burianek in seiner Entscheidung zur Begründung der Todesstrafe gegen diesen Angeklagten ausgeführt, daß jeder, der sich gegen Artikel 6 vergeht, der also die Deutsche Demokratische Republik und die Grundlagen ihrer Ordnung angreift, damit nicht nur diese, sondern zugleich das deutsche Volk, die Einheit Deutschlands und den Frieden der Welt angreift. Die Gegnerschaft des Angeklagten und sein Angriff richteten sich demzufolge also auch gegen die Sowjetunion als das größte und festeste Bollwerk im Kampf um den Frieden der Welt. Der Angeklagte hat ferner, indem er durch seine Einstellung zugleich auch die Ziele der Weltfriedensbewegung verneinte, die Kriegsbestrebungen der Friedensgegner anerkannt. Er hat also in zweifacher Hinsicht Völkerhaß getrieben. Das hat das Landgericht richtig erkannt, wie auch die Ausführungen des Urteils ergeben, wonach sich die Tat des Angeklagten zugleich gegen den Bestand und die Tätigkeit der Deutschen Demokratischen Republik und damit gegen ihre Verfassung gerichtet hat, mit der sich unser Staat eindeutig u.a. für Frieden und Völkerfreundschaft ausspricht. Soweit das Landgericht mit derselben Begründung zugleich Erfüllung des Gesetzestatbestandes auch in bezug auf die Begehungsformen des Glaubens- und Rassenhasses glaubt annehmen zu können, kann dahinstellt bleiben, ob sich diese Auffassung in ihrer weitgehenden Konsequenz aufrechterhalten lässt. Jedoch ändert das nichts an der rechtlichen Beurteilung des Sachverhalts, der Verletzung des Art. 6 in mehrfachen Begehungsformen. Das Oberste Gericht hat in seinem Urteil im Prozeß gegen die „Zeugen Jehovas" (OGSt Bd. 1 S. 40) ausgeführt, daß Artikel 6 einen Tatbestand enthält, der durch die aufgezählten verschiedenen Begehungsformen verwirklicht werden kann, so daß es also ohne Bedeutung ist, wenn nach der Verwirklichung mehrerer dieser Begehungsformen die eine oder andere nicht vorliegt.

Nach alledem konnten die Revisionen der Angeklagten keinen Erfolg haben. Sie waren deshalb mit der Kostenfolge aus § 473 StPO zu verwerfen.

gez. Hammer   König   Donath

Kassation des Urteils am 6. Juni 1991 in Gera

IM NAMEN DES VOLKES

In dem Kassationsverfahren in der Strafsache

g e g e n   1. den. Schlosser Ernst W i l h e l m
geb. am 19. September 1922 in Dähren
wohnhaft gewesen in Obergebra,
Halle-Kasseler Str. 152

2. den Stellmacher Johann M u r a s
geb. am 3. Januar 1908 in Kaschwitz
wohnhaft gewesen in Obergebra, Tutenstieg 147

w e g e n   Verbrechens nach Art. 6 der Verfassung der Deutschen

Demokratischen Republik und KD 38 Abschn. II Art. 111 A III

hat der 4. Strafsenat des Bezirksgerichts Gera in der

Hauptverhandlung am 6. Juni 1991, an der teilgenommen haben:

Richter Schilder als Vorsitzender

Richterin Gischkat, Richter Pagel als beisitzende Richter

Staatsanwalt Schmengler als Beamter der
Staatsanwaltschaft. Gera

Rechtsanwalt Metz, Heiligenstadt als Verteidiger des
Verurteilten Muras

Justizangestellte Trautsch als Urkundsbeamter der
Geschäftsstelle

für R e c h t erkannt:

1. Auf den Kassationsantrag der Staatsanwaltschaft werden das Urteil der Großen Strafkammer 1 des Landgerichtes in Mühlhausen vom 17. Mai 1952 - I KLs 15/52 - und das Urteil des I. Strafsenates des Oberlandesgerichts in Erfurt vom 4. Juni 1952 - I L Rev. 34/52 -

a u f g e h o b e n .

Kass 114/91
I KLs 15/52
I L Rev. 34/52

Ausfertigung *

Das Urteil - der Beschluß -
ist rechtskräftig seit dem ...6. 6. 91.
Gera, den ..2.5. Juni 1991
....
als Urkundsbeamter der Geschäftsstelle
des Bezirksgerichts.

IM NAMEN DES VOLKES

In dem Kassationsverfahren
in der Strafsache

g e g e n   1. den Schlosser Ernst **W i l h e l m**
geb. am 19. September 1922 in Dähren
wohnhaft gewesen in Obergebra,
Halle-Kasseler Str. 152

2. den Stellmacher Johann   **M u r a s**
geb. am 3. Januar 1908 in Kaschwitz
wohnhaft gewesen in Obergebra, Tutenstieg 147

w e g e n   Verbrechens nach Art. 6 der Verfassung der Deutschen
Demokratischen Republik und KD 38 Abschn. II Art. III
A III

hat der 4. Strafsenat des Bezirksgerichts Gera in der
Hauptverhandlung am 6. Juni 1991, an der teilgenommen haben:

Richter Schilder
als Vorsitzender

Richterin Gischkat
Richter Pagel
als beisitzende Richter

Staatsanwalt Schmengler
als Beamter der Staatsanwaltschaft Gera

Rechtsanwalt Metz, Heiligenstadt
als Verteidiger des Verurteilten Muras

Justizangestellte Trautsch
als Urkundsbeamter der Geschäftsstelle

für   R e c h t   erkannt:

1. Auf den Kassationsantrag der Staatsanwaltschaft werden das
Urteil der Großen Strafkammer I des Landgerichts in Mühlhausen
vom 17. Mai 1952 - I KLs 15/52 - und das Urteil des I.
Strafsenates des Oberlandesgerichts in Erfurt vom 4. Juni 1952 -
I L Rev. 34/52 -

a u f g e h o b e n .

1

2. Ernst Wilhelm und Johann Muras werden

f r e i g e s p r o c h e n.

3. Den Freigesprochenen steht ein Anspruch auf Entschädigung für den im Vorverfahren erlittenen Freiheitsentzug zu.

4. Die Kosten des Verfahrens und die notwendigen Auslagen der Hinterbliebenen – der Freigesprochenen einschließlich der im Verfahren 1. und 2. Instanz entstandenen werden der Staatskasse auferlegt.

G r ü n d e:

Die Große Strafkammer I des Landgerichtes Mühlhausen/Thür. verurteilte beide Angeklagte am 17. Mai 1952 wegen Verbrechen nach Art. 6 der Verfassung der DDR und der KD 38 Abschn. II Art. III A III zum Tode. Die gegen dieses Urteil eingelegte Revision wurde durch das Oberlandesgericht Erfurt. mit, Urteil vom 4. Juni 1952 auf Kosten der Angeklagten mit der Maßgabe verworfen, daß die Angeklagten wegen gemeinschaftlich begangenen Verbrechens, nach Art. 6 der Verfassung der DDR und KD 38 Abschn. II Art. III A III verurteilt werden.

Das Urteil wurde gegen beide Angeklagten am 6. 9. 1952 vollstreckt.

Die Entscheidungen beruhen im wesentlichen auf folgenden Sachverhaltsfeststellungen:

Am 30. April 1952 fand in der Gastwirtschaft Wichmann in Obergebra eine Betriebsfeier des VEB Schachtbau Obergebra anläßlich des 1. Mai statt. An dieser Feier nahmen die Angeklagten Wilhelm und Muras sowie der Geschädigte Alfred Sobik teil. Bis gegen 24.00 Uhr herrschte eine gute Stimmung. Um diese Zeit stand der Angeklagte Wilhelm an der Theke, wo u. a. das Lied "Von den Bergen rauscht ein Wasser" gesungen wurde. Außerdem äußerte er die Worte: „Ein Volk, ein Reich, ein Führer" und machte abfällige Bemerkungen über die rote Fahne.

Der Geschädigte Sobik hörte das und machte Mitteilung an den Zeugen Zwetschper, woraufhin beide den Angeklagten Wilhelm zur Rede stellten und ihn dazu in den Vorraum der Gaststätte baten. Der Angeklagte Wilhelm forderte seinerseits Sobik und Zwetschper auf, mit auf die Straße zu kommen. Dort schlug er mit der Faust auf Sobik ein. Dem Zeugen Zwetschper gelang es, beide zu trennen. Er ging mit Sobik in den Saal zurück. Der Angeklagte Wilhelm folgte ihnen und drang erneut auf Sobik ein. Durch andere in der Gaststätte anwesende Personen wurde er nach draußen gebracht und nach Hause begleitet. Nunmehr trat der Angeklagte Muras an Sobik heran und wollte von ihm wissen, weshalb er Wilhelm geschlagen habe, obwohl er wußte, daß dieser zuerst zugeschlagen hatte.

Der Angeklagte Muras schlug daraufhin mehrfach mit der Faust auf Sobik ein, der kurz danach zu schwanken begann und bewußtlos zusammenbrach. Kurz danach verstarb er.

Beiden Angeklagten wurde zur Last gelegt daß sie als ständige Hörer des RIAS eine negative Einstellung zur DDR hatten, erbitterte Feinde der SED waren und selbst nur Mitglieder der CDU wurden, um ihre tatsächliche Gesinnung zu verbergen. Es wurde durch beide Gerichte davon ausgegangen, daß sie Alfred Sobik töteten, weil er ein aktiver Funktionär der SED war.

Gegen diese Entscheidungen richtet sich der Kassationsantrag der Staatsanwaltschaft zugunsten der Angeklagten, dem auch die Hinterbliebenen der Angeklagten beitraten. Es wird eine schwerwiegende Verletzung des Gesetzes durch fehlerhafte Anwendung gerügt.

Der Kassationsantrag hatte Erfolg.

Das Kassationsverfahren richtet sich gemäß Artikel 18 Abs. 2 i. V. m. der Anlage I Kapitel III Sachgebiet A Abschnitt III Ziffer 14h des Einigungsvertrages (Bundesgesetzblatt Teil II/1990 Nr. 35 Seite 934) nach den Vorschriften der Strafprozeßordnung der DDR über das Kassationsverfahren i. d. F, des Gesetzes vom 29. Juni 1990 (Gesetzblatt Teil I, Nr. 39, Seite 529, §§ 311 - 327 mit Ausnahme von § 313). Des weiteren ist zu beachten, daß § 311 Abs. 2 StPO/ DDR durch die Vereinbarung der BRD mit; der DDR zur Durchführung und Auslegung des⁻ Einigungsvertrages vom 18. 8. 1990 Artikel IV Ziff. 2 (Bundesgesetzblatt Teil II/1990 Nr. 35 Seite 1243) geändert wurde.

Nach diesen Regelungen ist gegen rechtskräftige Entscheidungen in Strafsachen der Gerichte der DDR zugunsten der Verurteilten die Kassation zulässig, wenn die Entscheidung auf einer schwerwiegenden Verletzung des Gesetzes beruht (§ 311 Abs. 2 Ziff. 1 StPO/DDR), sie. im Strafausspruch vor dem Ausspruch über die Rechtsfolgen der Tat gröblichst, unrichtig oder mit rechtsstaatlichen Maßstäben nicht vereinbar ist (§ 311 Abs. 2 Ziff. 2 StPO/DDR).

Die Überprüfung des Verfahrens durch den Senat hat, ergeben, daß der durch die gerichtlichen Verhandlungen der Vorgerichte festgestellte Sachverhalt eine Verurteilung beider Angeklagter nach Art. 6. der Verfassung der DDR i. V. m. der KD 38 nicht, begründet.

Nach Artikel 6 Abs. 2 der Verfassung der DDR von 1949 sind u. a. Boykotthetze gegen demokratische Einrichtungen, Mordhetze gegen demokratische

Politiker, militaristische Propaganda sowie Kriegshetze Verbrechen im Sinne des Strafgesetzbuches. Nach der damaligen Rechtsprechung war diese Verfassungsnorm ein unmittelbarer Straftatbestand. Ungeachtet der bestehenden Bedenken hinsichtlich der Rechtsstaatlichkeit dieser Verfassungsnorm, die sich insbesondere aus ihrer Unbestimmtheit ergeben, ist es nicht die Aufgabe des Kassationsverfahrens, die Rechtsstaatlichkeit der Gesetzgebung der ehemaligen DDR zu überprüfen. Deshalb konnte der Senat der Verteidigung insoweit nicht folgen, daß sie bereits aus diesen Bedenken eine Verurteilung als unzulässig erachtet.

Der Staatsanwaltschaft und der Verteidigung ist jedoch dahingehend zu folgen, daß die Verurteilung auf einer schwerwiegenden Verletzung dieses Gesetzes beruht (§ 311 Abs. 2 Ziff. 1 StPO/DDR. Die Vorgerichte haben keine allseitige und unvoreingenommene Feststellung des Tatherganges vorgenommen. Der Sachverhalt wurde einseitig zuungunsten beider Angeklagten festgestellt und eine Klärung von Widersprüchen zwischen den Aussagen der Zeugen wurde nicht versucht. Entlastende Aussagen von Zeugen wurden vernachlässigt und die Einlassungen der Verurteilten als Schutzbehauptung abgetan, ohne dies in nachvollziehbare Weise zu beweisen. Es wurde kritiklos der Aussage des Zeugen Zwetschper gefolgt. Weder der Ausgangspunkt, der zweifelsfrei stattgefundenen Tätlichkeiten. zwischen den Angeklagten und dem Geschädigten Sobik, der während der Auseinandersetzungen verstarb, noch die einzelnen voneinander unabhängigen Handlungen beider Angeklagten wurden zweifelsfrei nachgewiesen.

Die Gerichte stützten ihre Verurteilung teilweise auf bloße Vermutungen bzw. Unterstellungen. So gibt es z. B. für die tätlichen Auseinandersetzungen zwischen dem Angeklagten Muras, und dem Geschädigten Sobik keine Zeugen. Deshalb wäre es die Pflicht des Gerichts gewesen, zugunsten des Angeklagten von dessen Aussagen auszugehen, da ihm ein anderes Verhalten nicht zu beweisen war. Der Angeklagte Muras bestritt mehrfach, auf den Geschädigten Sobik eingeschlagen zu haben und legte dar, daß Sobik ihn mit den Worten "Du bist auch so einer" in die Magengegend gestoßen habe und er ihn zurückstieß. Die Vorgerichte hätten somit von einer möglichen Notwehrsituation für den Angeklagten Muras ausgehen müssen.

Auch hinsichtlich der Handlungen des Angeklagten Wilhelm ging das Gericht entlastenden Momenten nicht nach. Es setzte sich völlig unzureichend mit der Einrede des Angeklagten Wilhelm auseinander, daß er infolge des genossenen Alkohols keine Erinnerung an das Geschehen habe. Dies wäre umso notwendiger gewesen, da 3 Stunden nach der Tat noch eine Ethanolkonzentration im Blut von 1,95 mg/g festgestellt wurde und somit der Promillegehalt zum Zeitpunkt Tat noch höher gewesen sein kann. Des' weiteren gibt der Zeuge Buhda in seiner Vernehmung an, daß ein namentlich nicht Bekannter darlegte, daß der Geschädigte Sobik die Tätlichkeiten mit Wilhelm vor der Gaststätte begonnen habe. Auch dieser Aussage wurde nicht nachgegangen, obwohl sie, verbunden mit der Tatsache, daß der Zeuge Zwetschper und Alfred Sobik den Angeklagten Wilhelm aufforderten, mit nach draußen zu kommen, auch für eine mögliche Notwehrsituation für den Angeklagten spricht. Die Zeugen bestätigen zudem, daß nur der Angeklagte Wilhelm blutend in den Saal zurückgekehrt war.

Nicht bewiesen wurde, daß die Angeklagten Wilhelm und Muras einer feindlichen Haltung gegen die DDR die SED und somit gegen SED-Funktionäre wie Alfred Sobik gemeinschaftlich handelten.

In der gerichtlichen Hauptverhandlung räumten beide Angeklagte ein, daß sie regelmäßig die Sendungen des RIAS hörten, mit Kollegen darüber sprachen und nicht mit allem in der DDR zufrieden waren. Der Angeklagte Wilhelm erklärte, daß er ein Gegner der DDR ist. Diese Feststellungen sind kein Beweis dafür, daß die kritische und zum Teil feindliche Haltung zur Entwicklung in der DDR das Motiv für die Handlungen gegenüber Alfred Sobik gewesen ist. Beide Angeklagte wußten, daß Alfred Sobik Funktionär der SED (Kassierer) war. Diese Tatsache begründet ebenso nicht das Motiv ihres Handelns am Vorabend des 1. Mai 1952. Beide Angeklagte kannten Alfred Sobik nicht näher, hatten keine politischen Auseinandersetzungen mit ihm. Der Angeklagte Muras war der Feldnachbar des Alfred Sobik. Auch in diesem Zusammenhang herrschten normale Kontakte.

Somit wurde durch die Vorgerichte weder in objektiver noch in subjektiver Hinsicht der Beweis dafür erbracht, daß die Angeklagten den Geschädigten Sobik aufgrund "der hetzerischen Anweisungen imperialistischer Sender" (Urteil des Landgerichts Mühlhausen vom 17. Mai 1952, S 4) erschlugen, weil er Funktionär der SED gewesen war, und dadurch beispielgebend zum Mord an anderen politischen Funktionären aufgefordert haben. Es wurde auch nicht der Beweis erbracht, dass die Angeklagten überhaupt für den Tod des Geschädigten Sobik verantwortlich sind Es muß davon ausgegangen werden, daß durch die vom Landgericht Mühlhausen vorgenommene Beweiswürdigung der Grundsatz "in dubio pro reo" in sein Gegenteil verkehrt wurde. Fehlende strafrechtliche Schuld wurde durch politische Vorverurteilung ersetzt. Die für die juristische Urteilsfindung erforderliche lückenlose

Beweisführung konnte durch das Landgericht nicht erbracht werden.

Aus den genannten Gründen ist dem Kassationsantrag der Staatsanwaltschaft und der Auffassung der Verteidigung zu folgen, daß die tätlichen Auseinandersetzungen zwischen den Angeklagten und dem Geschädigten Sobik keinesfalls unter Artikel 6 der Verfassung der DDR und KD 38 zu subsumieren waren. Die Entscheidungen des Landgerichts Mühlhausen und des Oberlandesgerichts Erfurt beruhen somit auf einer gröblichen Verletzung des Gesetzes durch falsche Anwendung (§ 311 Abs. 2 Ziff. 1 StPO/DDR).

Aus diesen Gründen waren in Obereinstimmung mit. der Auffassung der Staatsanwaltschaft beim Bezirksgericht Gera und der Auffassung der Verteidigung die Urteile des Landgerichts Mühlhausen vom 17. Mai 1952 - I KLs 15/52 - und des Oberlandesgerichts Erfurt vom 4. Juni 1952 - I L Rev. 34/52 – im

Schuld- und Strafausspruch aufzuheben und beide Angeklagten im Wege der Selbstentscheidung gem. § 322 Abs. 1 Ziff. 3 StPO/DDR freizusprechen.

Die Entscheidung über die Entschädigung und die Kosten ergeben sich aus § 10 ff. des Gesetzes über die Entschädigung für Strafverfolgungsmaßnahmen (StREG) und §§ 464, 467 Abs. 1 StPO i. V. mit Anlage I Kapitel III Sachgebiet A Abschnitt III Nr. 14 h des Einigungsvertrages.

Gegen diese Entscheidung ist kein Rechtsmittel gegeben.

Schilder   Gischkat   Pagel

Ausgefertigt: 21. Juni 1991
Trautsch, Justizangestellte als Urkundsbeamte der Geschäftsstelle

Ermittlungsverfahren und dessen Einstellung - Schreiben der Staatsanwaltschaft Erfurt an Herrn Hoffmann vom 26. März 1996

Das Ermittlungsverfahren

g e g e n

den damaligen Amtsanwalt JOSTES, den damaligen Staatsanwalt PIEHL, die damaligen Richter Dr. NEUGEBAUER, BIERET, LÖFFLER, HAMMER, KÖNIG, FRÖHLICH und BENJAMIN

w e g e n

Rechtsbeugung u.a.

- Strafanzeige des Herrn Paul HOFFMANN in Obergebra vom 21.12.1989 – wird gemäß § 170 Abs. 2 Strafprozeßordnung (StPO) eingestellt.

Gründe:

A.

Die Geschädigten Ernst WILHELM und Johann MURAS wurden durch die Große Strafkammer 1 des Landgerichts Mühlhausen/Thüringen in der außerordentlichen Sitzung vom 17.05.1952 wegen Verbrechens nach Art. 6 der Verfassung der Deutschen Demokratischen Republik und der KD 38 Abschnitt II Artikel III A III zum Tode verurteilt. Der Verurteilung lag im wesentlichen zugrunde, daß die Geschädigten als "erbitterte Feinde der SED den aktiven Funktionär der SED SOBIK" aus politischen Gründen getötet haben sollen.

Die gegen das Urteil eingelegten Revisionen der Geschädigten wurden durch das Oberlandesgericht Erfurt durch die beschuldigten damaligen Richter HAMMER, DONATH und KÖNIG mit Urteil vom 04.06.1952 mit der Maßgabe verworfen, daß die Geschädigten WILHELM und MURAS wegen gemeinschaftlich begangenen Verbrechens nach o.g. Vorschriften verurteilt wurden.

Ein beantragter Gnadenerweis wurde vermutlich durch die damalige Richterin und Justizministerin BENJAMIN abgelehnt.

Das Urteil wurde gegen die Geschädigten WILHELM und MURAS am 06.09.1952 vollstreckt.

B.

I.

Der damalige Amtsanwalt JOSTES (Antrag auf Erlaß des Haftbefehls), der damalige Landesstaatsanwalt PIEHL (Anklageverfasser sowie Sitzungsvertreter der Staatsanwaltschaft in beiden Instanzen), die damaligen Richter BIERET und LÖFFLER (Richter 1. Instanz) sowie die damalige Justizministerin BENJAMIN sind zwischenzeitlich verstorben, so daß sich das Ermittlungsverfahren gegen sie erledigt hat.

II.

Bezüglich des damaligen Haftrichters Dr. NEUGEBAUER konnten weder die vollständigen Personalien noch der aktuelle Aufenthaltsort ermittelt werden, so daß aufgrund nicht festzustellender Identität des damaligen Haftrichters ein Verfahrenshindernis besteht.

III.

Der damalige, in der Revisionsinstanz beisitzende Richter KÖNIG ist ausweislich seines ärztlich attestierten Gesundheitszustandes dauernd verhandlungsunfähig, so daß auch insoweit ein Verfahrenshindernis vorliegt.

IV.

Hinsichtlich des damaligen, der Revisionsinstanz Vorsitzenden Richters HAMMER ist Strafverfolgungsverjährung eingetreten, da die zur Last gelegten Taten (Rechtsbeugung und Totschlag aufgrund der Verurteilung der Geschädigten WILHELM und MURAS zum Tode vom 17.05.1952) nach dem Recht der Bundesrepublik verjährt sind.

1. hat der Bundesgerichtshof unter Berücksichtigung der durch den Einigungsvertrag geschaffenen Rechtslage bei DDR-Alttaten wiederholt entschieden, daß der noch unverjährte DDR-Strafanspruch auch dann verfolgt werden kann, wenn der originäre Strafverfolgungsanspruch der Bundesrepublik nach den Vorschriften des StGB bereits vor dem Beitritt der DDR verjährt war (vgl. BGH, NSTZ 1994, 330 (331) m.w.N.). Diese Feststellung ist jedoch nur für den Fall getroffen worden, daß sich der Beschuldigte innerhalb der DDR während der Zeit der möglichen Verfolgungsverjährung aufgehalten hat. Dem entspricht ausdrücklich Art. 1 des Gesetzes über das Ruhen der Verjährung bei SED-Unrechtstaten (Verjährungsgesetz) i.V.m. dem Gesetz zur Verlängerung strafrechtlicher Verjährungsfristen (2. Verjäh-

rungsgesetz), wonach bei der Berechnung der Verjährungsfristen für SED-Unrechtstaten die Zeit, in der tatsächlich eine Verfolgung von Straftaten des SED-Unrechtsregimes nicht erfolgt ist, außer Ansatz zu bleiben hat.

Etwas anderes gilt jedoch, wenn der Beschuldigte der tatsächlichen Strafverfolgung aufgrund von SED-Unrechtstaten ausgesetzt war, insbesondere er sich schon vor dem Wirksamwerden des Beitritts der DDR auf dem Gebiet der Bundesrepublik befunden hat. In diesem besonderen Fall gilt nämlich ausschließlich das Recht der Bundesrepublik (vgl. LG Berlin, Urteil vom 17.08.1995, (515) 2 Js 1041/92 KLs 29/93)).

Für die Beurteilung von in der DDR begangenen Straftaten ist zwar grundsätzlich gemäß Art. 315 Abs. 1 EGStGB das zur Tatzeit geltende Recht, also das Recht der DDR, anwendbar, wenn nicht das Recht der Bundesrepublik eine mildere Verurteilung zuläßt, § 2 Abs. 1, 3 StGB. Diese Regelung wird jedoch durch Art. 315 Abs. 4 EGStGB eingeschränkt, wonach Abs. 1 keine Anwendung findet, soweit für die Tat das Strafrecht der DDR schon vor dem Wirksamwerden des Beitritts der DDR zur Bundesrepublik am 03.10.1990 galt. Gemäß § 7 Abs. 2 Nr. 1 2. Alternative StGB gilt das Strafrecht der Bundesrepublik, wenn der Täter nach der Tat Deutscher wurde. Das betrifft Bürger der DDR, die vor dem Beitritt am 03.10.1990 nach Westdeutschland übersiedelten (vgl. BGH NJW 1994, 140).

Der Beschuldigte HAMMER floh bereits am 11.06.1954 in die Bundesrepublik. Die ihm zur Last gelegte Rechtsbeugung ist deshalb gern. Art. 315 Abs. 4 EGStGB i.V.m. § 7 Abs. 2 Nr. 1 2. Alternative StGB nach dem Strafrecht der Bundesrepublik zu beurteilen. Jedoch war auch nach dem in der DDR geltenden Recht die Tat gern. § § 113, 244 StGB/DDR mit Strafe bedroht. Hierbei ist ohne Bedeutung, daß die Verfolgung dieser Tat in der DDR aus politischen Gründen unterblieb (Dreher/Tröndle, Strafgesetzbuch, 47. Auflage, § 7 Rz. 7).

Der Strafbarkeit steht auch nicht entgegen, daß sich die Rechtsbeugung auf das DDR-Recht bezog und § 336 StGB nur den Schutz der Rechtspflege der Bundesrepublik Deutschland erfaßt. Trotz tiefgreifender Unterschiede zwischen der Justiz der DDR und der Bundesrepublik ist § 336 StGB auf Alttaten in der DDR grundsätzlich anwendbar (vgl. BGH, Urteil vom 15. September 1995, 5 StR 642/94 m.w.N.).

Die Verjährungsfrist für Rechtsbeugung beträgt gern. § 336 StGB i.V.m. § 78 Abs. 1 Nr. 4 StGB 5 Jahre, für Totschlag gem. § 212 i.V.m. § 78 Abs. 3 Nr. 1 StGB 20 Jahre.

Die Verjährung ist erstmals durch den Haftbefehl vom 16.07.1954 unterbrochen worden. Als letzte verjährungsunterbrechende Handlung kommt eine etwaige richterliche Vernehmung des Beschuldigten bei Aufhebung des Haftbefehls vom 11.10.1954 (BI. 135, Bd. 1 d.A. StA Lüneburg) in Betracht (§ 78 Abs. 1 Ziff. 2 StGB).

Selbst wenn der Beschuldigte HAMMER bei Aufhebung des Haftbefehls am 11.10.1954 nochmals richterlich vernommen worden sein sollte, wäre eine Rechtsbeugung im damaligen Verfahren zum Nachteil der Geschädigten WILHELM und MURAS nach Ablauf der 5-jährigen Verjährungsfrist spätestens am 10.10.1959 verjährt. Auch bezüglich des zur Last gelegten Totschlags aufgrund des vorangegangenen Todesurteils wäre bei einer 20-jährigen Verjährungsfrist am 10.10.1974 Strafverfolgungsverjährung eingetreten.

Die Verjährung hat auch nicht gemäß § 78 b Abs. 1 Nr. 2 StGB geruht. Zwar begab sich der Beschuldigte HAMMER am 11.06.1955 wieder zurück in das Gebiet der ehemaligen DDR. Dies stellt jedoch nur ein tatsächliches und kein rechtliches Hindernis dar. § 78 b Abs. 1 Nr. 2 StGB kommt bei tatsächlichen Hindernissen allerdings nicht zur Anwendung (vgl. Dreher/Tröndle, § 78 b Rz.3a).

Eine Strafbarkeit des Beschuldigten ergibt sich auch nicht aus § 244 StGB/DDR i.V.m. Art. 315 a EGStGB. Zwar regelt Art. 315 a EGStGB, daß die Verjährung von SED-Unrechtstaten entsprechend des Verjährungsgesetzes bis zum 03.10.1990 geruht hat. Gemäß Art. 315 Abs. 4 EGStGB ist jedoch aufgrund der Flucht des Beschuldigten im Jahr 1954 das Recht der Bundesrepublik ausschließlich anwendbar. Sollte Art. 315 a EGStGB deshalb zur Anwendung kommen, weil der Beschuldigte zurück in die DDR gereist ist, würde das zu einer Aushebelung der Regelung des Art. 315 1 u. IV EGStGB und § 78 b Abs. 1 Nr. 2 StGB führen, der eine Flucht oder einen Aufenthalt im Ausland gerade nicht als Grund für das Ruhen der Verjährung ansieht. Dem widerspricht auch nicht der Sinn und Zweck des Art. 315 a Abs. 1 EGStGB, wodurch eine Besserstellung des Täters durch den Beitritt vermieden werden soll (BGH, NStZ 1994, 330 (331)). Der Beschuldigte war bereits der bundesdeutschen Strafverfolgung ausgesetzt und hatte sich in Untersuchungshaft befunden. Die gegen ihn gerichtete Strafverfolgung hatte also begonnen, so daß die Anwendungsvoraussetzung des Art. 315 a Abs. 1 StGB i.V.m. dem Verjährungsgesetz, wonach die Tat bisher unverfolgt geblieben sein muß, nicht vorliegen.

Nach alledem ist damit Strafverfolgungsverjährung bezüglich der dem Beschuldigten HAMMER zur Last gelegten Taten eingetreten, so daß das Ermittlungsverfahren gegen ihn aus Rechtsgründen einzustellen war.

V.

Der damaligen beisitzenden Richterin DONATH, der Beschuldigten FRÖH-
LICH, geb. DONATH, ist schließlich nicht mit der für die Anklageerhebung
erforderlichen Sicherheit nachzuweisen, aufgrund ihrer Mitwirkung an dem
Urteil der Revisionsinstanz vom 17.05.1952 eine Rechtsbeugung in
Tateinheit mit Totschlag begangen zu haben.

1. Die auf Art. 6 Abs. 2 der Verfassung/DDR beruhende Verurteilung der Betroffenen WILHELM und MURAS stellt keine Rechtsbeugung dar. Zwar
entsprach Art. 6 Abs. 2 mangels hinreichender Bestimmtheit nach rechtsstaatlichen Grundsätzen (Art. 103 Abs. 2 Grundgesetz) weder auf der Tatbe-
stands- noch Rechtsfolgenseite den Anforderungen eines wirksamen
Strafgesetzes. Die Heranziehung des Art. 6 Abs. 2 der Verfassung/DDR als
"unmittelbar anzuwendendes Strafgesetz" mit den aus § 1 Abs. 1 R-StGB für
Verbrechen vorgesehenen Rechtsfolgen der Todesstrafe, der lebenslängli-
chen Zuchthausstrafe und der zeitigen Zuchthausstrafe war jedoch durch die
Entscheidung des Obersten Gerichts der DDR vom 04.10.1950 (NJ 1950,
452 ff.) vorgegeben. Unter Berücksichtigung dessen fehlte es dem damaligen Richter der DDR jedenfalls am Vorsatz der Rechtsbeugung, wenn er im
Einklang mit den Vorgaben des Obersten Gerichts Schuldsprüche auf Art. 6
Abs. 2 der Verfassung stützte.

2. Eine <u>objektive</u> Rechtsbeugung liegt nach der inzwischen gefestigten
Rechtssprechung des Bundesgerichtshofs jedoch dann vor, wenn der den
Schuldspruch begründende Straftatbestand unverhältnismäßig überdehnt
worden ist oder die verhängte Strafe in einem unerträglichen Mißverhältnis
zur geahndeten Tat steht (vgl. nur BGH, Urteile vom 15. September 1995, 5
StR 642/94 m.w.N.).

2.1. Eine unzulässige Überdehnung des Tatbestands i.S. eines Willküraktes
war der Beschuldigten FRÖHLICH nicht nachzuweisen.

Zu berücksichtigen war, daß die Beschuldigte als Richterin einer Revisionsinstanz tätig wurde. Auch nach der damaligen Rechtslage in der DDR war die
Revisionsinstanz keine Tatsacheninstanz. Sie konnte daher einzelne Feststellungen und Ausführungen der 1. Instanz nicht aufgliedern und nach ihrem
Ermessen in neue Feststellungen um- oder ausgestalten. Die Revisionsinstanz
war vielmehr eine Rechtsinstanz, die gemäß § 337 R-StPO im Revisions-
verfahren nur über die Nichtanwendung oder nicht richtige Anwendung von
Rechtsnormen zu entscheiden hatte (insoweit OG-Urteil vom 13. Juni 1950,
NJ 1950, S. 348; OG-Urteil vom 03.08.1951, NJ 1951, S. 565). Die Rechtsan-

wendung der Beschuldigten FRÖHLICH hatte sich also darauf zu beschränken, über die Rechtsanwendung der erstinstanzlichen, zwischenzeitlich verstorbenen Richter BIERET und LÖFFLER zu entscheiden.

Das erstinstanzliche Urteil hatte festgestellt, daß der Betroffene WILHELM
mit faschistischen Parolen provoziert hatte. Beide Betroffenen seien fanati-
sche Gegner der DDR und erbitterte Feinde der SED gewesen. Der
Betroffene WILHELM hätte insbesondere "Hetzreden" über die rote Fahne
der Arbeiterklasse geführt sowie die Parole "Ein Volk, ein Reich, ein
Führer!" geschrieen. Der Betroffene MURAS habe sich der "Mordhetze"
des Betroffenen WILHELM angeschlossen, indem er den SED-Funktionär
weiter geschlagen habe. Die Tat der Betroffenen sei aus politischen Gründen
begangen worden, da sich die Schläge, die letztendlich tödlich gewirkt hätten, gezielt gegen den SED-Funktionär gerichtet seien. Die Angeklagten
haben dessen weitere politische Tätigkeit unterbinden wollen.

Unter Berücksichtigung dieser tatsächlichen Feststellungen, die lt. Haupt-
verhandlungsprotokoll zumindest durch die Aussagen der damaligen Zeugen
ZWETSCHPER und SIESSEL gedeckt waren, war es zumindest vertretbar,
die erstinstanzliche Anwendung des Art. 6 auf den festgestellten Sachverhalt
in der Rechtsmittelinstanz zu bestätigen.

Zwar hatte das Oberste Gericht bereits in seinem Urteil vom 02. Dezember
1952 ausgeführt, daß die Feststellung eines Verbrechens gegen Art. 6 Abs. 2
der Verfassung sowie die darauf beruhende rechtliche Würdigung einer
Nachprüfung nur dann Stand hält, wenn sich das Handeln gegen die Grundlagen "unserer staatlichen Ordnung richtet". Insbesondere sei bei Verbrechen, die ihren Ausgang in Gastwirtschaften genommen hätten und unter
dem Einfluß von Alkohol begangen worden seien, mit besonderer Sorgfalt
und Genauigkeit der politische Hintergrund zu erforschen (OG-Urteil vom
02.12.1952, NJ 1953 S. 25).

Eine willkürliche Entscheidung aufgrund der Verwerfung der Revision im
Schuldspruch ergibt sich daraus jedoch nicht. Sowohl das erst- wie auch das
zweitinstanzliche Urteil haben sich mit den wesentlichen politisch-motivierten
Anhaltspunkten befaßt. Selbst wenn die Richter der Revisionsinstanz das Verhalten der Betroffenen unter Berücksichtigung der tatsächlichen Feststellungen fehlerhaft als "Mordhetze" beurteilt hätten, läge hierin nur die fehlerhafte
Anwendung materiellen Rechts. Eine lediglich fehlerhafte Einordnung straf-
baren Verhaltens stellt sich regelmäßig aber nicht als Rechtsbeugung dar
(BGH, Urteil vom 15.09.1995, 5 StR 642/94). Dies gilt insbesondere deshalb,

weil das Verhalten der Betroffenen auch aus damaliger Sicht zumindest als Körperverletzung mit Todesfolge hätte beurteilt werden können.

Eine willkürliche Rechtsanwendung bei Überprüfung des erstinstanzlichen Urteils im Schuldspruch war der Beschuldigten FRÖHLICH unter Berücksichtigung des damals maßgeblichen Revisionsrechts damit nicht nachzuweisen.

2.2. Eine objektive Rechtsbeugung ergibt sich jedoch aus der Bestätigung der Verhängung einer unverhältnismäßig hohen Strafe aus dem gesetzlichen Strafrahmen.

Grundsätzlich rechtfertigt die Verhängung der Todesstrafe, die in der DDR bis zu ihrer Abschaffung durch Beschluß des Staatsrats vom 17.07.1987 (GBl.I Nr. 17 S. 192) als Sanktion vorgesehen war, als solche noch nicht ohne weiteres eine Verurteilung wegen Rechtsbeugung. Bei der Überprüfung der Strafbarkeit der Beschuldigten war zu beachten, daß die Todesstrafe in der Nachkriegszeit in den sog. sozialistischen Staaten in erheblichem Umfang angewandt wurde. Ein Todesurteil kann deshalb, jedenfalls aus subjektiven Gründen, nicht ohne Hinzutreten weiterer Umstände bereits für sich genommen als willkürliche Menschenrechtsverletzung angesehen werden (in diesem Sinne BGH, Urteil vom 16. November 1995, 5 StR 747/94, S. 15).

Wenn danach auch die Todesstrafe für sich genommen, gemessen am Maßstab unerträglicher Menschenrechtsverletzung, zur damaligen Zeit nicht als schlechthin unzulässige Reaktion auf eine Straftat zu werten war, kann ein so irreparabeler fundamentaler Eingriff in das Rechtsgut "Leben", wie durch die Anordnung und Vollstreckung der Todesstrafe vorgenommen wird, nur in engen begrenzten Ausnahmefällen hinnehmbar sein. Die Verhängung der Todesstrafe ist danach allenfalls dann keine Rechtsbeugung, wenn die Ahndung schwersten Unrechts und schwerster Schuld, etwa in bestimmten Fällen vorsätzlicher Tötung, ansteht. Sachverhalte, in denen die Todesstrafe nicht als Sanktion für vorsätzliche Tötungsdelikte verhängt wird, geben deshalb regelmäßig zu besonders kritischer Prüfung Anlaß. Dies gilt insbesondere für den Bereich des politisch motivierten Strafrechts (BGH a.a.O., S. 18).

Der Verurteilung der Betroffenen WILHELM und MURAS ging der Tod des damaligen SED-Funktionärs SOBIK voraus. Das erstinstanzliche Urteil enthält insoweit auch die Feststellung, daß eine vorsätzliche Tötung vorlag. Auf die vorsätzliche Tötung wurde deshalb mit Todesstrafe reagiert, weil die Betroffenen angeblich aus Gegnerschaft gegen die staatliche Ordnung gehandelt hätten. In diesem Sinn hat das Oberste Gericht der DDR am 25.11.1952

(NJ 1952, S. 615) entschieden, daß "die demokratische Justiz in der heutigen Situation der sich ständig steigernden Angriffe gegen unsere friedliche Ordnung nicht auf die Anwendung der schwersten Maßnahme des sozialen Selbstschutzes, der Todesstrafe, insbesondere gegen die Feinde unserer Ordnung und unseres Staates verzichten kann".

Die Todesstrafe war danach entsprechend des im Tatzeitraum herrschenden Rechtsverständnisses der DDR zu verhängen, wenn besonders schwerwiegende Angriffe gegen die sozialistische Ordnung verübt worden waren. Für die Beurteilung maßgeblich waren die zur Zeit der Verurteilung in der DDR herrschenden Wertvorstellungen (BGH a.a.O., S. 20).

Die Verurteilung der Betroffenen MURAS und WILHELM erfolgte in einem Zeitraum, der maßgeblich gekennzeichnet war als Periode des "Kalten Krieges". Insoweit herrschte eine äußerst angespannte politische Lage. Die Konfrontation von West und Ost sowie die ideologische Konkurrenz der Machtblöcke beeinflußte zudem gerade die in der SED-Diktatur ohnehin instrumentalisierte Rechtsprechung zusätzlich.

Andererseits mußte jedoch auch bereits im Zeitpunkt der Verurteilung am 04.06.1952 das menschliche Leben überragende Beachtung finden. Die Beschuldigte hatte deshalb die von der Rechtsordnung vorgesehene Todesstrafe, gerade als Reaktion auf Straftaten des politisch motivierten Strafrechts, auf Fälle schwersten Unrechts zu beschränken.

Die Voraussetzungen dafür erfüllte das Verhalten der damaligen Angeklagten WILHELM und MURAS nicht. Zwar wurde damals festgestellt, daß durch ihre Einwirkungen ein SED-Funktionär getötet worden war. Ein schwerster Angriff gegen die sozialistische Ordnung folgt daraus unter Berücksichtigung der damaligen Feststellungen aber nicht, da ein zielgerichteter Mord eines Funktionärs als beabsichtigter Angriff auf die "friedliche sozialistische Ordnung" auch bei weitestgehender Auslegung nicht vorlag.

Wenn auch das Verhalten der Geschädigten aus Sicht der damaligen Richter grundsätzlich als nach Art. 6 Abs. 2 der Verfassung/DDR strafbar anzusehen war, rechtfertigte dies nicht die verhängte Sanktion.

2.3. Hingegen ist der Beschuldigten FRÖHLICH nicht nachzuweisen, vorsätzlich bzw. wissentlich damals geltendes Recht gebeugt zu haben. Die Beschuldigte hat sich eingelassen, keine Erinnerung mehr an das damalige Strafverfahren zum Nachteil der Geschädigten WILHELM und MURAS zu haben. Sie bestreitet, jemals "wissentlich" eine gesetzwidrige Entscheidung getroffen zu haben.

Zu berücksichtigen ist, daß die Beschuldigte FRÖHLICH im Zeitpunkt des Urteils erst seit ca. 1 Jahr ihre Richtertätigkeit ausübte und erst kurz vor dem Urteil zum damaligen Oberlandesgericht versetzt worden war. Sie selbst war weder Vorsitzende noch Berichterstatterin in der Revisionsverhandlung.

Die Beschuldigte FRÖHLICH war damit als dienstjunge Richterin in einer untergeordneten Stellung im damaligen Justizsystem tätig. Gerade als berufsunerfahrene und erstmals mit einem Verfahren dieser Art befaßte Richterin war es ihr kaum möglich, die Verfahrensweise zu durchschauen. Aufgrund ihrer kurzen Einarbeitungszeit war zu ihren Gunsten nicht auszuschließen, daß sie als unterstes Glied des sozialistischen "Justizapparates" zunächst an Weisungen gebunden war, sich an den Entscheidungen der politischen Abteilungen zu orientieren hatte und sie darüber hinaus aufgrund ihrer kurzen Zugehörigkeit zum Senat die Rechtslage im vorliegenden konkreten Einzelfall nicht durchschaute. Dies ergibt sich auch daraus, daß die Beschuldigte FRÖHLICH in Vorbereitung für ihre Tätigkeit als Richterin lediglich ein Jahr an dem Richterlehrgang in Ettersburg teilgenommen hatte. Tiefgreifende Kenntnisse insbesondere im Revisionsrecht sowie zu der äußerst umstrittenen Frage, inwieweit die Revisionsinstanz überhaupt im Strafmaß das Todesurteil abändern konnte (dazu OG-Urteil vom 13.02.1951, OG-Entscheidungen Bd. II, S. 109 ff.) waren nicht zu erwarten.Damit war der Beschuldigten FRÖHLICH eine wissentlich falsche Rechtsan-wendung im Sinne eines bewußten Gesetzesverstoßes gemäß § 244 StGB/DDR nicht nachzuweisen. Die zweifellos vorliegende ungenügende Orientierung über die Regeln des Rechts erfüllt noch nicht den Tatbestand der Rechtsbeugung (vgl. Kommentar zum StGB/DDR, Berlin 1981, § 244 Anm. 5).

Nach alledem war das Ermittlungsverfahren gegen die beschuldigten damaligen Richter HAMMER, FRÖHLICH und KÖNIG unter Berücksichtigung der derzeitigen Sach- sowie Rechtslage insgesamt gemäß § 170 Abs. 2 StPO einzustellen.

Risse / Staatsanwältin

Quellennachweis

Dr. Manfred Schröter	Bad Lauterberger Tageblatt
Eduard Seifert	Bad Lauterberger Tageblatt
Elli Böhning	Bad Lauterberger Tageblatt
Bernd Prawitz	Bild Zeitung
Peter Kirchstein	Bunte - Magazin
Helmut Dams	Bunte - Magazin
Peter Redlich	Dresdener Morgenpost
Thomas Krafczyk	Der Morgen Leipzig
Ulf Malek	Sächsische Zeitung
Helgard Behrend	Neue Berliner Illustrierte
Erik Enzian	Thüringer Allgemeine
Rudolf Wichmann	Thüringer Allgemeine

Abbildungen:

Stadtarchiv Nordhausen
Privatarchiv Paul Hoffmann
Privatarchiv Elli Böhning

Herausgeber:
Landesbeauftragte des Freistaates Thüringen für die
Unterlagen des Staatssicherheitsdienstes der ehemaligen DDR

Satz: Herz (TLStU)
Druck: Gutenberg-Druckerei, Weimar
Dezember 2005

3-932303-48-2